가족이 함께 드리는
예 배 서

Meditations for Korean-American Families:
Together We Pray

가족이 함께 드리는
예 배 서

Meditations for Korean-American Families:
Together We Pray

Hea Sun Kim
ISBN 0-687-01818-8

Cover design by Roy Wallace;
Photo by Darrell Gulin/TONY STONE IMAGES

Manufactured in The United States of America

ABINGDON PRESS

가족이 함께 드리는
예 배 서

Meditations for Korean-American Families:
Together We Pray

김혜선 지음
Hae Sun Kim

애빙던 출판사
내쉬빌

가족이 함께 드리는 예배서를 펴내며:

　한국 속담에 세 살 버릇 여든까지 간다는 말이 있다. 신앙이 생활화된다는 것은 신앙생활이 버릇처럼 우리 몸 속에 배어 있는 것이라고 생각한다. 신앙생활의 습관화는 어렸을 때부터 가정에서 길러지는 것이다. 지금은 목사가 되어 신앙생활이 거의 직업화된 느낌이 들 때도 있지만, 나 스스로의 영적 생활을 깊이 들여다보면, 역시 어렸을 때에 닦인 믿음이 크다.

　부모님이 선교사로 해외에 거주하셨기 때문에 나는 15살까지만 가족과 함께 살았다. 어렸을 때 우리 집에선 꼭 가정예배를 드렸다. 주로 새벽 미명이 밝아 올 무렵, 학교 가기 전에 식탁에 둘러앉아 *다락방*으로 간단하게 드렸다. 온 가족이 돌아가며 영어로, 혹은 한국말로 *다락방*을 읽었다. 잘은 못했어도 주기도문, 사도신경 등은 중국어로도 외웠다. 찬송도 마찬가지였다. 지금도 입에서 저절로 나오는 찬송과 기도문은 어렸을 때 외웠던 것들이다. 신학 공부를 하고, 사회생활과 목회를 하며 많은 갈등과 혼돈 속에서 하나님을 찾을 때마다, 아주 어렸을 때의 기도와 이야기들이 떠오르는 것을 보며, 모태 신앙의 흔들리지 않는 힘에 놀란다. 당시에 그 시간들이 즐거웠다는 기억은 전혀 없다. 부모님이 으레 밥먹는 것처럼 습관을 들여 놓으신 것이다.

　많은 이민가정들이 자녀 교육을 위해 이민 왔다고 하는데, 가장 중요한 교육은 바로 신앙 교육이라 생각한다. 오늘의 사회 속에서 신앙만큼 자녀들에게 물려줄 위대한 유산이 어디 있겠는가! 일주일에 한두 번 나가는 교회가 그 일을 충분히 해낼 수 없다. 대학 진학으로 인해 자녀들이 멀리 떠날 때마다 불안해하는 부모도 많은데, 가정예배로 무장된 아이들은 어려울 때 하나님을 먼저 찾으리라 믿는다.

　두 부류의 다른 청중을 동시에 생각하며 글을 썼다. Teenage의 학생들을 위해서는 주입식의 신앙보다는 질문으로 스스로가 생각하게끔 하는 방법을 주로 사용하였다. 또한, 이민사회를 위해서는 이중문화의 갈등과 고민을 많이 다루었으며, 특히 한국에 대한 역사적인 정보를 teenager들에게 알리려고 노력하였다. 한글은 부모님들을 생각하고 썼기에, 부모의 상황에 맞도록 하였다. 그러므로 종종 영어와 차이가 나는 곳이 있을 것이다. 바라기는 이 예배서를 통해 부모와 자녀들이 대화를 하며, 서로의 고민도 나누고, 솔직한 감정 표현도 할 수 있는 시간이 되기를 빈다.

뉴욕의 빌딩 숲속에서
김혜선
1997년 7월 30일

Preface

Family devotion is not a common practice of Christian families in this busy and mobile society. Even sitting down together for a decent family meal with our teen-agers is hard to come by in our packed daily schedule. Yet, for most of us, teen-age years become the last years of living together with parents and siblings. What do we want to take with us as we leave home?

I left home when I was 15 years old due to our family circumstance. I was thrown into a world of the unknown. The unknown was frightening and lonely, but I had to make it my own. In the midst of uncertainty and fear, there was one thing that kept me going. It was my trust in the love of God. I have never thought of myself as a person of great faith but without knowing it, the belief in the presence of God in my life has been ingrained into me during all the years of my family up-bringing. My family sat around the breakfast table every morning for a short family devotional. Imagine what a chore it was then, when we children had to get up early enough to get ready for school, to sit down for devotional, to have breakfast and not miss the school bus. But once we got into practicing it, it came to us naturally.

Now that I am over forty, I can look back and say that the growing-up years at home is critical in the formation of one's faith, personality and character. Most Korean-American families live with language and culture gap among familiy members. It is a tough challenge to overcome. But we know throughout history how the love of God broke down barriers among peoples of all races, cultures and languages. This can happen in our homes, but we need to practice it. It is my sincere prayer that this bilingual devotional will become a vehicle through which the love of God is nurtured in our homes.

I have incorporated Christian calendar with the traditional Korean holidays so that family devotional time can also be a time of learning and sharing of Korean history and tradition. I would like to encourage discussion among family members with the topic presented. True discussion will help us to listen, to understand and to respect each other. Family devotions will help us create time and space for God and for each other.

From the New York's forest of buildings,
Hea Sun Kim
July 30, 1997

고린도전서 13:1-13
새해 아침에

다른 여러 가정에서처럼 우리 집에서도 새해 아침에는 집안 어른들께 세배를 드린다. 새해 아침의 세배는 몇 백년 동안 이어 온 한국 고유의 전통이다. 아침 가정예배가 끝나면 우리 형제들은 나이 드신 부모님께 세배를 드리고, 나는 어린 조카들의 세배를 받는다. 어른들은 세배를 받으며 아이들에게 덕담으로 공부 잘하고 사업에 성공하라고 격려하는가 하면, 아이들은 어른들의 건강과 만수무강을 빈다. 세배를 드리고 받고 하면서 식구들 사이에 서로 사랑과 존경하는 마음을 나누게 된다.

많은 한인 교포 가정들은 가족 구성원 사이에 언어와 문화의 차이를 경험하면서 살고 있다. 나이든 1세대 어른들과 젊은 2세대 사이에는 언어의 차이로 인한 커뮤니케이션 문제가 종종 발생한다. 말 때문에 서로 의사소통이 잘 안될 경우, 다른 방법으로라도 서로의 사랑과 존경을 표현하는 일은 아주 소중하고 중요한 일이다.

새해 아침에 바울 사도의 사랑의 편지를 읽으면서, 새해 새 삶의 길잡이로 삼아야겠다는 다짐을 하게 된다. 우리는 하나님의 한 식구로서 서로 용납하며 사랑하는 삶을 사는 것이 중요하다. 새해 아침에 크고 작은 결심들을 하게 되지만, 그 기본에 사랑이 자리 잡고 있을 때만이 우리는 진정한 성공을 거둘 수 있을 것이다. 나 자신에 대한 사랑, 이웃 사랑, 그리고 하나님을 향한 사랑은 우리 삶의 기본이 된다. 우리 가슴속에 참된 사랑을 간직하고, 이 새해에도 하나님의 세상에 평화가 깃들이기를 희망하면서 기도드린다.

기도 : 사랑의 하나님, 지난주일 우리는 평화의 왕께서 이 세상에 오신 것을 축하하였습니다. 저희들에게 힘 주셔서 이 세상의 사랑과 평화의 도구로 삼아 주시옵소서. 저희들 가슴속에, 그리고 저의 집안에 당신의 사랑과 평화를 베풀어 주시옵소서. 예수님의 이름으로 기도합니다. 아멘.

1 Corinthians 13:1-13
New Year's Day

In my family, New Year's Day is a day of "Sae Bae"—three big bows to the elders. This has been the tradition in Korea for hundreds of years. After the family devotions, we children bow to our elderly parents and then receive bows from the younger generation in the family. The elders bless the younger generation with words of encouragement for success in jobs or in studies, and the younger generation bless the elders with good health and long life. It is a ritual of mutual respect and love among family members.

Most Korean-American families live with the challenges of cultural and language differences among family members. The older and the younger generation may not fully communicate with each other because of the language gap. When our verbal communication fails us, it becomes more important that we communicate love for each other in some other ways. The tradition of "Sae Bae" formerly brings the scattered family together to affirm that respect and support.

As we begin a new year, Paul's letter on the meaning of love comes to us as an important guide for how we should live in the coming year. We are called to live out the life of mutual acceptance and love for God's family in this world. However great or small our plans and resolutions for the coming year may be, if we have love as our foundation, we will succeed in life. True love of ourselves, of others and of God will never fail us. With this love in our hearts, we pray and hope for a year of peace in God's world.

Prayer: O God, in the past week we have celebrated your coming as the Prince of Peace. Now, help us live as instruments of your love and peace in this world, and may that peace start from our own hearts and our own families. In Jesus' name. Amen.

전도서 3:1-13
모든 일에는 때가 있다

아직도 1999년도를 쓰는 데 익숙하지 않아 실수를 한다. 새해를 맞이한 지 며칠 안 되었기 때문이리라. 새해라고 해서 지난해와 무엇이 다른가? 오늘이 두 주일 전과 무엇이 다른가? 사실, 별로 달라진 것이 없지 않은가? 해는 여전히 동쪽에서 뜨고 서쪽으로 지지 않는가? 하루는 아직도 24시간이고, 묵은해에 했던 것처럼 오늘도 하루에 해야 할 일들은 마찬가지이다. 그러나 새해라 하고 새날이라고 하는 것은, 오늘은 어제와 다르고 올해는 지난해와는 다르다는 것을 암시적으로 내포하고 있다. 모든 것은 끊임없이 변하고 있다는 것을 알리는 것이다. 우리가 원하든 원치 않든 세상은 변해 왔고, 또 매일 변하고 있다. 우리 역시 변하고 있다. 그런데, 과연 어떻게 변해가고 있는가? "모든 일에는 다 때가 있다. 세상에서 일어나는 일마다 알맞은 때가 있다"(3:1, 표준새번역). 이것은 2천년 전에 전도자가 한 말이다. 당신의 인생에 있어서 지금은 어떤 때라고 생각하는가? 그리고 지금 무엇을 해야 할 때라고 생각하는가? 당신의 삶에 어떤 변화를 가져오고, 또 어떻게 변해야 할 때라고 생각하는가?

새해 새날이라는 것은 지난날에 하던 버릇, 나태해졌던 생활 습성, 관습에 안주해 있던 것들로부터 벗어나게 하는 계기를 준다. 하나님은 매일 새날을 주시며, 새로운 사람들과 새로운 문제들, 새로운 일거리를 통해 우리에게 다가오신다. 하나님 앞에 충성하기 위해서는 항상 새로우신 하나님의 음성에 귀를 기울여야 한다. 그리고 나의 삶은 새로움을 향하여 나아갈 준비가 되어 있는가를 스스로 물어야 한다.

기도: 하나님, 하나님의 음성에 마음 문을 열고 귀를 기울이게 하옵소서. 세상이 저희들의 관심을 요구할 때, 고개 돌리고 귀를 막고 사는 저희들을 용서하시옵소서. 성령의 인도로 날마다 새로운 삶으로 태어나게 하시고, 날로 변화하는 세월 속에서 당신의 길을 따라갈 수 있도록 인도하여 주시옵소서. 예수님의 이름으로 기도합니다. 아멘.

Ecclesiastes 3:1-13
This Is a New Day

We are still getting used to writing "1999" when we write the date. We are a few days into a new year. What makes this day any different from a day two weeks ago? Actually not much. The sun still rises in the East and sets in the West. We still have 24 hours in a day, and we still have to do all the daily chores of life as we used to do in 1998. But the signalling of a new time—a new year and month—reminds us that today is a different day from yesterday and from the days last year. Things have changed. Whether or not we like to change, the world around us has changed and is changing daily. We are to change too. But what kind of change?

"For everything there is a season, and a time for every matter under heaven...," so wrote the author of Ecclesiastes more than two thousand years ago. What is this season for you? What do you have for this time in your life? What kind of change would you like to bring into your life?

The signalling of a new time challenges us to wake up from our old complacent or indolent ways. God comes to us anew daily through the lives of people, and through new issues and problems around the world. We need to be attentive to the new voices of God in order to be faithful to God. Are you ready for this new exciting adventure called life?

Prayer: Help us to be attentive to your voice, O God. Forgive us for wanting to be comfortable in our fixed ways when the world is demanding our attention. May the Holy Spirit guide us to be born anew daily, and direct us in your way in these changing times. In Christ's name, we pray. Amen.

요한계시록 21:1-6 상반절
새 하늘과 새 땅의 희망

올해는 20세기의 마지막 해이다. 그래서 자연히 21세기는 어떻게 전개될 것인가 궁금해하는 질문들을 많이 갖게 된다. 21세기의 세상은 지금보다 더 살기 좋게 될까? 이 지구는 자연 환경의 파괴 현상을 극복하고 살아 남을 수 있을까? 우리의 미래는 희망적으로 보이다가도 절망적으로 보일 때가 있다.

그러나 미래에 대한 불확실성은 우리 세대에만 있는 것이 아니다. 지난 모든 세대가 미래에 대해서 불안해했다. 성경은 아주 절망적인 시대에 희망을 주는 책인데, 요한계시록은 그 중에서도 가장 대표적인 책이라 할 수 있다. 오늘 본문은 하나님이 우리와 함께 계시고, 우리의 눈물을 닦아주시고, 모든 것을 새롭게 하신다고 말하고 있다. 이런 희망의 비전을 잃어버린다는 것은 바로 하나님에 대한 신앙을 포기하는 것이다.

인생이란 희망과 절망, 희열과 낙심이 뒤섞이고 엇갈리는 것이다. 그런데 어떤 사람들은 희열의 삶만을 즐기려고 마약이나 약물로 자기 도취에 빠져 보려 한다. 이러한 자기 남용은 진실을 외면하고 거짓 삶을 살고 있는 것에 불과하다. 믿음을 가지고 사는 사람들은 절망의 한가운데서도 희망을 버리지 않는다. 믿음이라는 것은 우리를 실패와 좌절로부터 보호하는 것이 아니라, 절망에 직면했을 때 희망을 볼 수 있게 하는 것이다. 믿음은 또한 우리로 하여금 희망을 창조하게 한다. 나 자신만을 위해서가 아니라 이웃을 위해서도 희망을 창출한다. 새 하늘과 새 땅을 향한 우리의 희망은 삶을 살아가는 데 힘이 된다. 믿음으로 절망과 우울증의 악마를 물리치고, 이 세상에서 절망에 빠진 모든 사람들을 구해 낼 수 있는 삶을 살게 되기를 바란다.

기도: 하나님, 하나님의 영광으로 가득 찬 새 하늘과 새 땅의 가능성을 새해를 맞이한 저희들에게 보여주시니 감사합니다. 당신께서 이 세상을 새롭게 하시는 권능을, 신뢰하는 믿음을 주시옵소서. 예수님의 이름으로 기도합니다. 아멘.

Revelation 21:1-6a
Hope for the New Heaven and the New Earth

This year, the last of the 20th century, people have been asking what life will be like in the 21st century. Is the world going to be a better place in which to live? Is the earth going to survive the abuse of our natural environment? Sometimes the future seems hopeful; other times our future looks bleak.

But the uncertainty of the future is not new to this generation. In fact, it has been present in all generations. Many books of the Bible were written to give hope to the faithful in times of utter distress and suffering. Revelation was one such book. Today's passage reminds us who we are as people of faith. The image is of a new heaven and a new earth—God coming down to dwell among us, wiping every tear from our eyes...making all things new! Losing sight of this hope is to lose faith in God.

True life is a mixture of highs and lows. Some people try to stay only at highs with the aid of drugs. That's cheating on life because they are not willing to face the truth. When we live in faith, we learn to see hope in the midst of the lows. Faith does not shield us from hitting the lows of life, but faith does lift us up when we hit the bottom. Faith also enables us to become creators of hope, not only for ourselves but for others.

Our hope for the new heaven and earth will shape how we live our lives. In faith, we will not let the demon of hopelessness and depression overtake us. May we all live this year in hope winning over the hearts of all the hopelessness in the world.

Prayer: We thank you, O God, for showing us the possibility of a new heaven and new earth in your glory. Help us to truly trust in your power of making all things new in this needy world. In Christ's name, we pray. Amen.

시편 8편
세상을 긍정적으로 보는 믿음

우리 어머니께서 들려주신 옛날 이야기가 있다. 두 아들을 가진 어머니가 있었는데, 큰아들은 우산 장사였고 작은아들은 짚신 장사였다. 이 어머니는 해가 나는 날에는 큰아들의 우산 장사가 안 되니까 통곡을 했고, 비오는 날에는 작은아들 걱정으로 통곡을 했다. 어머니는 두 아들을 다 즐기지 못했을 뿐만 아니라, 자기 자신의 삶도 비극이었다. 그리고 아무에게도 도움이 되지 못했을 뿐더러, 감사하는 마음이란 전혀 가질 수 없었다. 누가 이런 사람을 좋아하겠는가?

이 이야기는 우리가 많이 듣던 질문 하나를 상기시킨다. "물 잔의 물이 반이나 남았는가? 아니면 반밖에 안 남았는가?"라는 질문이다. 세상은 보는 사람의 시각에 따라 다르게 보인다. 감사하는 마음으로 살아가는 사람의 삶과, 걱정 근심으로 세상을 사는 사람의 삶은 많은 차이가 있다. 감사하는 삶을 사는 사람의 눈은 마음 문을 닫고 사는 사람들이 보지 못하는 것을 보게 된다. 오늘 읽은 시편의 말씀은 하나님의 손으로 만든 이 세상—하늘의 달과 별, 하나님의 사랑의 권능을 보면서 자연히 흘러나오는 감사의 노래이다. 우리 주위의 가장 평범한 것도 특별한 선물로 감사하게 되는 삶이 믿음의 삶이다.

내가 지금까지 잊을 수 없는 믿음의 광경 중 하나는, 친구의 어머니가 교통사고로 다쳐 수술대에 누워서 수술을 받으면서도 감사 찬송을 부르시던 모습이다. 믿음과 감사하는 마음은 함께 간다. 절망 가운데서도 감사하는 마음을 가진 사람은 무엇인가 감사할 일을 생각해 내고 하나님을 찬양한다. 감사의 생활은 삶을 대하는 한 태도라고 하겠다.

기도: 주님, 감사하는 마음을 주시옵소서. 주님의 선하심을 감사하고, 우리 주변의 모든 사람들을 감사하며, 아주 작은 일에도 감사하는 충만한 삶을 살게 하시옵소서. 예수님의 이름으로 기도합니다. 아멘.

Psalm 8
What Kind of Attitude Do You Have Towards Life?

One of my mother's Korean stories goes something like this: A mother had two sons. The older son sold umbrellas for a living and the younger son sold straw sandals. On a sunny day, she wept, worrying about the business of the older son. On a rainy day, she wept, worrying for her younger son. She lived a life of misery. She missed enjoying her sons as well as her own life. She was good for no one, and she never had a heart of gratitude. Who would want to be around a person like that!

This story reminds me of the age-old question, "is the glass half-full or is it half-empty?" How we perceive the world is in the eyes and heart of the beholder. There is a tremendous difference in the quality of life between a person who has a grateful heart and a person who is a worrywart. When we live a life of gratitude, our eyes can see things which cannot be seen when our hearts are closed. The praise of the psalmist in today's passage flows out of our mouths when we look at the works of God's fingers—the moon and the stars and other signs of God's love. Even the ordinary things around us become special gifts to be grateful for.

One of my lasting memories of a person of faith is of my friend's mother who sang hymns of praise on the operating table after a car accident. Faith and a grateful heart go together. Even when things turn for the worse, one with a grateful heart can find something to be thankful for and praise God. It is an attitude of life.

Prayer: Give us a thankful heart, O Lord. May we know the full joy of life in being grateful for your goodness and for being thankful to people around us. In Jesus' name, we pray. Amen.

요엘 2:28
늙은이들은 꿈을, 젊은이들은 이상을

인간은 인류 역사를 통해서 공간과 시간의 한계를 넘으려는 노력을 꾸준히 해왔다. 이제는 지구 밖의 우주까지 갈 정도로 많은 발전을 했다. 평평한 지구 끝 벼랑에서 떨어지지 않을까 하는 공포를 넘어서서 지구를 한 바퀴 돌고 있다. 깊은 바다 속과 높은 하늘을 왕래할 수 있게 되었다. 그러나 시간의 한계는 어떻게 극복했는가? "미래로 돌아가서"라는 영화에서 보듯이 시간에 대한 새로운 탐구도 많이 하고 있다. 미래라는 시간에 대해서 운수를 점 쳐보기도 하고 예언도 한다. 사람들은 자신들의 미래에 대해서 몹시 궁금해하고 알고 싶어한다. 점쟁이를 찾아가고 손금을 보는 것은 한국 사람들만의 독특한 정서나 종교적 호기심이 아니라, 다른 나라에서도 많이 볼 수 있는 현상이다.

우리는 미래에 대해서 아무 힘이 없는 것 같지만, 사실 미래는 우리에게 많이 달려 있다. 우리는 미래를 우리의 상상력으로 만들어 간다. 우리의 미래는 오늘 우리가 갖고 있는 이상에 따라 형성되어 간다. 우리는 지금 미래를 위해서 어떠한 꿈을 꾸고 있는가?

하나님의 예언자 요엘은 새 세상에 대해서 "늙은이들은 꿈을 꾸고 젊은이들은 이상을 볼 것이다"라고 말했다. 이러한 비젼(한글 성경에선 이상, 환상으로 번역되어 있음)은 기술과 과학의 발전만을 말하는 것이 아니다. 이 비젼은 참으로 좋은 세상, 사랑과 평화, 정의와 선함으로 가득 찬 세상에 대한 비젼이다. 이러한 비젼이 있어야 우리는 사회를 변화시키는 일꾼으로 일하게 된다. 이것이 바로 "하나님의 나라가 이 땅에 임하옵소서" 하는 간절한 기도이며, 늙은이들과 젊은이들 모두의 꿈이며 이상이다.

기도 : 하늘에 계신 우리 하나님, 하나님의 나라가 이 땅에도 임하게 하시옵소서. 하나님의 나라를 꿈꾸고, 하나님의 나라의 비젼을 보며, 오늘도 내일에 대한 희망을 가지고, 힘차게 살아가게 하시옵소서. 예수님의 이름으로 기도합니다. 아멘.

Joel 2:28
The Old Shall Dream Dreams and the Young See Visions

Human beings have endeavored throughout history to move beyond the limitations of space and time. We have come a long way in terms of exploring space. We now travel across the ocean without the fear of falling off the flat surface of the earth. We have traveled deep under the water, and we have flown high into the sky, even to the moon. But what about time? There have been many interesting explorations into time in movies like "Back to the Future," and into prophesies and fortune-telling about the time in the future. People are very interested in knowing their future. Going to fortune-tellers or palm-readers has been an important part of Korean traditional religions as well as in many other traditions around the world.

We may feel powerless about our future but we do have a lot of control in our own hands. We live the future today in our imaginations. The future is shaped by what we imagine it to be. What do you imagine for your own future?

According to Joel, a prophet of God, the old people are to dream dreams and the young people are to see visions for the coming of new and better days for the world. This vision is not just about technological development. This vision is for the goodness of the world that there might be love, peace and justice for all peoples of the world. It is a vision that will enable us to become social agents of change for our society. Then, our future will become "God's Kingdom on Earth." May our old dream dreams and the young see visions.

Prayer: In your creation of humankind, you have given us the gift of transcending our earthly limitations through memories and imaginations. We thank you for granting us hope for our future. Guide us to dream dreams and see visions so that we may all live in the peace and harmony of your love. In Jesus' name. Amen.

골로새서 3:1-4
앞이 막히면 위를 보라

"커피 잔의 커피를 흘리지 않고 걸어가는 비결을 가르쳐 줄까?" 친구가 물어 보았다. 나는 항상 커피를 잔이 넘치게 따르는 버릇이 있기에 그 비결을 알고 싶었다. 친구는 묘한 웃음을 띄면서 "배우기 쉬운 게 아닌데……" 하고는 말해 주기를, 커피 잔을 들고 갈 때 잔을 쳐다보지 말고 앞을 보고 똑바로 걸어가라는 것이었다.

우리는 살아가면서 여러 가지 문제들을 만나게 된다. 어떤 일에 부딪쳐 해결의 실마리가 보이지 않아 앞이 캄캄할 때에는, 세상이 온통 그 문제로만 가득 차 있는 것처럼 느껴진다. 눈을 뜨고 있기는 하지만 내 문제 이외에는 보이는 것이 없다. 그리고 온 세상 사람들이 나만 보고 있는 것 같고, 내 이야기만 하는 것 같은 착각을 하게 된다. 커피 잔만 들여다보고 걷다 보면 다른 아무 것도 보이지 않아 커피를 쏟게 되는 것이나 마찬가지이다. 커피를 쏟지 않고 커피 잔을 들고 가려면, 몸에 중심을 잡고 내가 어디로 가는지, 주위에 무엇이 있는지를 살피면서 걸어야 한다.

바울 사도는 새로 예수를 믿는 사람들이 거짓된 가르침에 흔들려 신앙의 갈피를 못 잡는 것을 염려하였다. 중심을 잡지 못하고 크리스챤의 참 뜻을 모르고 있던 그들은, 결국 율법이나 의식, 아니면 삶의 방식 등에 얽매이게 되었다. 그 때, 바울은 그리스도 안의 자유를 강조하였다. "여러분은 땅에 있는 것들을 생각하지 말고, 위에 있는 것들을 생각하십시오"(3:2, 표준새번역). 하나님의 세계는 우리가 가진 문제들보다 훨씬 더 광활하다. 문제에 막히면 컵만 들여다보지 말고 머리를 들어 하나님의 넓고 위대한 세상을 보라. 거기서 해답을 얻을 수 있을 것이다.

기도: 주님, 우리가 알지 못하는 넓고 높은 당신의 세계가 있다는 것을 종종 잊고 있습니다. 무한한 당신의 세계를 올려다 볼 수 있게 하시고, 예수 그리스도 안에서 자유를 경험하게 하시옵소서. 자유의 길이신 예수님의 이름으로 기도합니다. 아멘.

Colossians 3:1-4
Look Up When You Are Stuck

A friend of mine once asked me, "Do you know the secret of carrying a cup of coffee without spilling it?" I was eager to know the answer because I have the habit of filling my cup to the brim and spilling it. With a suspicious-looking smile, she said, "It is a very difficult one to learn." She said the secret is to look straight forward while walking and not stare down at the cup.

We encounter many problems and questions along our life's journey. Once we get stuck in a situation, we tend to believe that's all there is in the world. Our eyes may be open, but we do not see anything other than our own problems. We begin to build an illusion that the whole world is watching us and judging us on our problems. It's like when our eyes are stuck staring at our cup and our whole movement somehow gets directly transferred to the coffee in the cup, spilling it over. In order to walk naturally and carry the cup, we need to have a center within us, look where we are going, and watch for what's around us.

Paul was concerned for the new Christian converts who were being swayed in different directions by all kinds of teachings. They did not have a center in their faith, so they were often bogged down by the law, the logistics of rituals and life-styles. Paul said Christians should focus on God and not get stuck on earthly things. Whenever you are stuck, don't just look at your cup alone, but lift your head to see God's world.

Prayer: O God, we often have the illusion that your world is within the limits of our own understanding. Help us to look above to your infinite world and experience the freedom of living in Jesus Christ, in whose name, we pray. Amen.

누가복음 15:11-24
참 사랑을 그리며

사랑이 무엇이기에 우리는 그토록 사랑 이야기를 많이 하고, 사랑하기를 바라고, 사랑 받기를 원하는가? 사랑의 날이라는 발렌타인 데이의 사랑은 모두 쵸콜렡과 장미로 포장되어 있는 것 같다. 학교 다닐 때, 내 친구의 다섯 살 짜리 동생 낸시는 우리 옆에서 귀여운 아기 토끼와 놀고 있었다. 아기 토끼는 부드럽고 하얀 털을 가진, 손아귀 안에 쏙 들어오는 귀여운 것이었다. 낸시는 이 아기 토끼가 너무 예뻐 어쩔 줄을 몰라했다. 그는 사랑의 표현으로 토기를 가슴에 끌어안고 온 힘을 다해 한참 동안 껴안았다. 낸시가 토끼를 가슴에서 내려놓았을 때, 아기 토끼는 죽어 있었다. 어린 낸시는 아기 토끼를 사랑한다는 것이 그만 죽이고 만 것이다.

오늘 읽은 예수님의 비유는 아버지의 극진한 사랑의 이야기이다. 아버지는 아들을 사랑하므로 그가 스스로 자신의 경험을 통해 성숙하기를 기대하며 그를 떠나 보냈다. 아버지로서는 매우 가슴 아픈 일이었지만, 아버지 뜻대로 하지 않고 아들의 요구를 들어주었던 것이다. 아버지의 사랑은 인내와 관용의 사랑이었다. 예수님께서는 하나님의 사랑을 이 아버지와 같은 사랑으로 비유하셨다. 하나님은 우리를 꼭두각시로 만들지 않으셨고, 우리를 조종하지도 않으신다. 하나님은 우리를 당신의 형상대로, 자유로운 존재로 창조하셨다. 다치는 경험을 하더라도 하나님께서는 우리가 우리의 길을 탐색해 나가도록 자유를 허락하시고, 오래 참으시며 우리가 성숙하기를 바라고, 하나님께로 돌아오기를 기다리신다.

이러한 사랑이 진실된 사랑의 모델이다. 사랑은 우리의 능력을 최대한도로 발휘할 수 있도록 상대방의 성장을 도와 준다. 사랑이란 남에게 의존하는 것도 아니고, 남을 지배하는 것도 아니며, 죽도록 껴안는 것도 아니다. 사랑이란, 하나님께서 각자에게 뜻하신 것을 개발할 수 있도록 도와 주는 것이다.

기도: 사랑의 하나님, 우리는 사랑으로 남을 지배하고, 남에게 의지하려는 잘못을 저지를 때가 많습니다. 의존적인 사랑에 중독되어 건강하게 자라나지 못할 때도 있습니다. 예수님을 통하여 참된 사랑을 배우고 실천할 수 있도록 가르쳐 주시옵소서. 사랑의 주님이신 예수님의 이름으로 기도합니다. 아멘.

Luke 15:11-24
Valentine's Day

We hear so much about love and we long desperately to love and to be loved. What is love any way? Love during Valentine's Day seems to be all wrapped in chocolate and roses.

Nancy, who was five years old, sat next to me while we were playing with a beautiful baby rabbit. It was cute and cuddly with soft white hair. Nancy loved the rabbit so much that she just didn't know how to express her love. She held it tight to her chest and squeezed it with all her strength for a long time. When she opened up her small hands, the rabbit was dead. She had killed the rabbit—in her love.

Today Jesus' parable tells us about the love of a father toward his prodigal son. The father loved the son so much that he let the son experience the world in order for him to grow up. It was a very painful decision for the father, but he did not try to hold on to his way. His love was one of patience and generosity. Jesus compared God's love for us to this image of the father. God does not control us, for we were not created as puppets. But God created us in God's image as free beings. Even when it hurts, God lets us explore our ways and waits patiently for us to grow up to return to God.

This is what true love is. Love helps one grow to his or her full potential. Love does not lie in dependency or control, and love does not suffocate the other to death. Love empowers and gives room to the other to grow as God intended him or her to be.

Prayer: O God, we confess that we often mistake control and dependency for love. Some of us are even addicted to love. That is not healthy for our growth. Help us to learn and practice the love you taught us through Jesus Christ. In his name, we pray. Amen.

마태복음 4:1-11
사순절을 맞으며

"성회일"(Ash Wednesday)은 사순절(Season of Lent)의 첫 날로, 성회일부터 부활절까지 주일을 뺀 40일이 바로 사순절이다. 이 절기에는 우리의 삶을 돌아보고, 우리의 죄를 회개하는 기간이다. "무슨 죄를 회개하라는 것인가?"라고 물을 수도 있겠다. 그러나 죄란, 행동으로 나타나는 것뿐만 아니라, 때로 우리 가슴속에 있는 것일 수도 있다. 우리 인간의 삶은 유혹으로 가득 차 있기 때문이다.

예수님은 하나님의 일을 시작하시기 전에 먼저 자신의 유혹과 씨름하셨다. 밤낮 40일을 금식하고 처음 받은 유혹은 돌을 빵으로 만들라는 것이었다. 배고픈 사람에게 음식보다 더 큰 유혹이 어디 있겠는가? 아무도 먹지 않고는 살 수 없지 않은가? 자신의 배고픔을 정당화시켜 빵을 만들 수도 있었다. 하지만 예수님은 그 유혹을 물리치셨다. 음식과 물질적 욕구가 우리 생활의 전부가 아니라는 것을 직접 보여주신 것이다. 그것이 중요하지만 그것이 우선 될 때 죄라는 것이다. 예수님이 당한 두 번째와 세 번째 시험은 명예와 권력에 대한 유혹이었다. 물론 이것도 우리의 정서적인 건강을 위해서 필요한 것이다. 그것들을 남용할 때 우리가 그 유혹의 노예가 되고, 이웃으로부터 멀어지게 되고, 결국은 하나님으로부터 멀어지게 된다.

먹을 것, 명예와 권력, 모두 다 중요하고 필요한 것들이다. 그러나 언제 이것들이 죄를 짓게 하는지 그 선을 아는 것이 중요하다. 그러기에 유혹을 물리치기가 힘든 것이다. 우리는 항상 자신의 삶을 살펴야 한다. 진정한 삶의 검토는 회개와 죄의 고백이 따르게 된다. 그러면, 하나님은 우리를 용서하시고 새로운 삶의 길을 보여주신다.

기도: 하나님, 저희들을 인도하시옵소서. 저희들의 죄를 알게 하시고 고백하게 하시옵소서. 우리 욕심 때문에 눈이 멀어서 당신과 이웃과의 관계를 보지 못하고 있습니다. 시험을 이기게 하시고, 오로지 하나님을 온전하게 예배하게 도와 주시옵소서. 예수님의 이름으로 기도합니다. 아멘.

Matthew 4:1-11
Beginning of the Season of Lent

Ash Wednesday marks the beginning of the Lenten season which lasts for 40 days (except Sunday) until Easter. It is a season to reflect on our lives and repent our sins. "What sin?," some of us may ask. Sometimes sin may be just within our hearts.

Life is full of temptations. Jesus had to deal with the temptations before he started his ministry. The first temptation Jesus faced after fasting for 40 days and 40 nights was to turn stones into bread. What can be more important than food to a hungry person? No one can live without food. Yet, Jesus rebuked the demon, because it is when we make food, the material needed for our physical bodies, the sole focus of our lives, that it becomes sinful.

The second and third temptations Jesus faced dealt with pride, ego and power. We need all of those for healthy emotional life, but often we claim it in excess denying our need for help from God and from others.

Since bread, pride and power are all essential to life, the challenge is to know when they become too much. More is not better, for the constant desire for more hurts us and our relationship with others. Therefore, we have to be on a constant guard to check where we are. True reflection of ourselves leads to confession and repentence. And then, God will guide us through forgiveness and new life.

Prayer: Be our guide, O God, as we look into ourselves for the confession of our sins. We are often so blinded by our own needs that we fail to see where we are in our relation to you and to others. Help us resist temptations so that we may only worship you in wholeness and truth. In Jesus' name. Amen.

창세기 12:1-4
이민 여정의 의미를 찾아

"우리는 어떻게 해서 미국에 와 살게 되었는가?" 우리 2세들이 종종 물어 보는 말이다. 아주 어렸을 때 미국에 이민 왔거나, 이곳에서 한국 부모에게서 태어난 어린 세대들은 스스로 결정하여 미국에 와 살게 된 것이 아니기에 자신들의 역사에 대해 궁금해한다.

근래에 이민 온 우리는 아브라함과 사라의 이야기, 즉 고향 땅과 가까운 친척들을 떠나, 이국 땅에서 살게 되는 이들의 이야기와 자신들의 처지를 동일시하게 된다. 아브라함과 사라는 자신들이 어디로 향해 가는 줄도 모르고, 하나님이 떠나라고 하시는 명령에 복종했을 뿐이었다. 미지의 세계에 대한 두려움과 위험을 무릅쓰고, 오직 하나님을 신뢰하는 믿음만으로 길을 떠난 것이다.

우리도 살아가면서 여러 가지 결정을 해야 하는데, 대부분은 어떠한 결과가 나올지도 모르면서 결정할 때가 많다. 어느 결정에나 모험이 따르기 마련이지만, 지혜로운 결정과 무책임한 결정의 차이는, 하나님이 우리와 함께 하시고 우리를 인도하신다는 신뢰가 있는가 하는 데 달려 있다. 하나님의 뜻을 따른다는 확신이 있다는 것은, 이미 하나님과 의논을 했다는 것이고, 하나님의 인도하심을 계속 믿고 따른다는 것이다.

믿음을 가진 사람은 우리가 미국에 사는 것에 특별한 사명이 있다고 생각하며 산다. 우리의 삶 속에서 하나님의 백성으로서의 특수한 여정을 인식하고 이해할 때, 우리의 삶이 더 풍요롭게 된다. 우리는 하나님께서 창조하시는 새로운 역사의 중요한 한 부분이기 때문이다.

기도: 하나님, 하나님께서 저희들을 이 신천지로 불러내시고, 당신의 세계의 광활함을 알게 하셨습니다. 당신의 인도하심만 믿고 이곳까지 왔습니다. 저희들을 친히 인도하여 주시고 당신의 부르심에 충실하게 하시옵소서. 예수님의 이름으로 기도합니다. 아멘.

Genesis 12:1-4
Seeking the Meaning of Immigrants' Journey

"How did we as Koreans get here to the United States and why?" This is a question many of us Korean-Americans ask at some point in our lives. Those who came at a young age or were born here to a Korean parent/parents were not part of the decision-making process to move to the U. S. And we wonder what was the history that brought us here.

As recent immigrants to a new land, we identify ourselves closely with the biblical story of Abraham and Sarah who also left their homeland and their kindred to move to a foreign land. They didn't even know where they were going, but they started on the journey because God had called them to go. They took the risk of facing the unknown because they trusted God.

Throughout our lives we have to make decisions, often not knowing what the outcome will be. All decision-making entails risks but the difference between a reckless decision and a wise decision is whether we trust that God is guiding our way. When we trust that we are following God's way, we have already discussed it with God. We also await God's continuous guidance along our way.

Why are Koreans in America? A person of faith lives with the trust that there is a special meaning to our distinctive history. Life will be fuller if we understand and know our place in the on-going journey of God's people. We are part of the new history God is creating.

Prayer: O God, you have called us to this new land and taught us the vastness of your world. We came trusting your guidance in our lives. Guide us to our tasks and may we be faithful to your call. In Jesus' name. Amen.

에스겔 37:1-14
한국의 3·1 독립운동

3월 초하루는 한국 역사에 있어서 매우 중요한 기념일이다. 1919년 3월 1일은 일제의 억압 속에 눌려 있던 우리 민족이, 조선의 방방곡곡에서 일제 식민 통치를 반대하여 독립을 선언하고 만세를 부르며 거리로 뛰쳐나온 날로, 독립운동 기념일로 지킨다. 수많은 저명 지도 인사들이 일본 경찰에 의해 살해되었고, 비록 나라의 해방에는 실패하였으나 자유와 자주, 해방을 향한 우리 민족의 의지를 표명한 뜻깊은 날이다. 목숨을 걸고 독립을 외친 것은, 인간은 자유인으로서의 존엄성과 정체성 없이는 살 수 없다는 신념에서였다.

오늘 읽은 에스겔서의 본문은 하나님께서 죽은 자들에게 생명을 주시는 아주 강력한 상징이다. 죽음이 있는 곳에는 희망이 없다. 하나님께서 하나님의 영을 마른 뼈에 불어넣어 생명을 주실 때에만 희망이 있는 것이다. 사순절 기간 동안 우리를 둘러싼 죽음의 어두운 그늘을 의식하지 않을 수 없다. 포악한 범죄와 잔학한 일들이 우리 주위에 어두운 그늘처럼 엄습하고 있다. 이러한 이야기만 들어도 우리는 실의에 빠져 희망을 보기가 힘들게 된다.

그러나 복음, 곧 기쁜 소식의 핵심은, 인간은 악에 대항해 싸울 수 있는 저항력이 있으며, 죄는 죽음의 근원이라는 것이다. 한 사람의 힘으로 악에 대항할 수 없을 때에는 온 동네가 힘을 합하여 싸울 수 있다. 죄악에 저항하고 이길 수 있는 힘은, 마른 뼈에 생명을 불어넣으시는 생명의 근원 되시는 하나님으로부터 온다. 우리 가운데에 함께 하시는, 살아 계신 하나님을 믿음으로써 우리는 힘을 얻게 되는 것이다.

기도: 하나님, 죽음과 죄악을 극복하시는 당신의 권능을 확실히 믿게 하소서. 당신의 영이 매일 저희와 함께 하시어, 이 세상에서 희망의 도구로 사용하여 주시옵소서. 당신을 향한 저희들의 믿음으로, 이 세상이 보다 밝은 내일을 맞이하게 하옵소서. 예수님의 이름으로 기도합니다. 아멘.

Ezekiel 37:1-14
March 1: Independence Movement of Korea

March 1 is observed as an important day in the history of Korea. It was the day in 1919 when Koreans from all corners of the nation organized themselves to rise up against the Japanese colonial rule over Korea. Even though the people were not successful in liberating their nation, and many prominent leaders were killed by the Japanese authorities, it remains a very important symbol of Korean people yearning for liberation, freedom and self-determination. Many risked their lives for the cause because they believed that without human dignity and freedom, there was no life.

Today's passage from Ezekiel is a very powerful symbol of God giving life to the dead. Where there is death there is no hope. Hope lies only where God puts God's spirit into the dry bones to give life. During this season of Lent, we are reminded of the darkness of death which is in great abundance around us. Stories of violent crime and evil doings loom like dark shadows around us. Sometimes these stories are enough to kill our spirits.

But the Good News is that human beings are endowed with the power and resilience to rise against evil and to conquer sin. Where one cannot do this alone, the whole town can come together. And this power to overcome evil comes from God, the very source of life who can bring life even to the dry bones. We trust the living God in us and among us.

Prayer: Help us, O God, to never lose our trust in your power to overcome death and evil. May your spirit come to us daily so that we may become instruments of hope for the world. Through your power and our faith in you, may the world experience a brighter tomorrow for all. In Christ's name, we pray. Amen.

요한복음 4:5-42
영원히 목마르지 않는 물

건강 전문가들에 의하면 하루에 적어도 여덟 잔의 물을 마셔야 건강하다고 한다. 물은 인간의 몸에서 가장 중요한 요소이다. 물이 없는 곳에는 생명이 없다. 그런데 어떤 물이 다시는 목마르지 않게 하는 물일까? 예수님은 우물가에 물 길으러 나온 사마리아 여인에게 바로 그 영원히 목마르지 않는 물을 제시하셨다.

예수님은 물을 통해 영생에 대해 가르치시며, "내가 주는 물을 마시는 사람은, 영원히 목마르지 않을 것이다"(4:14, 표준새번역)라고 하셨다. 예수님이 주신 물이 영원히 흐르게 하기 위해서는, 우리 안에서 샘물이 되어 솟아 나와야 한다고 하셨다. 이렇게 솟는 샘물이 우리 영혼을 건강하게 한다.

우리가 생리적으로 목마른 것은 우리 몸이 계속해서 물을 필요로 하기 때문이다. 그러나 영적 갈증은 우리 자신들의 영혼을 양육하는 일에 게을리 했을 때 느껴진다. 기도를 통해서, 성경을 읽고 공부하며, 규칙적으로 하나님과의 시간을 갖고, 하나님의 백성들을 돌보는 일에 힘쓸 때, 그 모든 것이 우리의 영적 삶을 풍요롭게 하고, 목마르지 않게 하는 길이다.

사마리아 여인이 한 일이 바로 그것이었다. 그는 동네로 달려가 그가 깨우친 예수님의 복음을 전하였다. 아마도 그는 평생동안 그 기쁨과 해방의 이야기를 되풀이했을 것이다. 그리하여 이 여인은 생수의 선물을 받아 마신 후 다시는 목마르지 않는 삶을 살았을 것이다.

기도: 하나님, 우리는 그리스도의 복음을 전해 받고서도 다시 공허해질 때가 많습니다. 그것은 우리가 받은 생수를 솟아나는 샘물로, 끝임 없이 퍼 올리지 못했기 때문입니다. 저희들의 말과 행동을 통해 언제나 힘차게 솟는 샘물이 되게 도와 주시옵소서. 그리하여, 영원히 목마르지 않는 삶을 살게 해 주시옵소서. 예수님의 이름으로 기도합니다. 아멘.

John 4:5-42
Water That Will Never Make Us Thirsty

Today's health experts say we need to drink at least eight glasses of water every day for healthy living. Water is the most important element for the sustenance of the human body. Where there is no water, there is no life. But what kind of water will never make us thirsty? That's what Jesus offered to a Samaritan woman when she came to draw water from a well.

Jesus used water to teach us about eternal life: "The water that I will give will become in them a spring of water gushing up to eternal life" (v.14b). The water originally comes from Jesus, but to flow eternally, it becomes a spring in us and gushes up from within us. It is this flowing spring that sustains the health of our souls.

We become thirsty because physiologically we have to constantly supply our bodies with water. But for our spiritual lives, we have been created by God to be active participants in the on-going nurturing of our souls. Through prayer, through Scripture reading and studying, through disciplined communion with God, and through caring for God's people, the message of Jesus shapes and molds our lives.

The Samaritan woman did just that. She ran to the village to tell the good news of Jesus to others. I imagine she told her story of joy and liberation for the rest of her life. She had received and nurtured the gift of water that never made her thirsty again.

Prayer: O God, we have received the Good News of Jesus Christ in abundance, but we confess that we are often empty again because we did not generate what we received into a flowing spring. Help us do our part in our word and deed by keeping the spring running. In Christ's name, we pray. Amen.

요한복음 13:1-11
온전한 깨끗함을 위하여

　예수님이 십자가에 못박혀 돌아가시기 전에 하신 일 가운데 하나는 제자들의 발을 씻겨 주신 일이다. 이것은 깨끗하게 하는 예식인 동시에 섬김의 상징이었다. 우리는 깨끗해야 한다. 사람은 누구나 깨끗한 것을 좋아한다: 깨끗한 빨래, 깨끗한 시트, 깨끗한 거래, 깨끗한 정부……. 그런데, 깨끗한 마음을 가진다는 것은 어떤 것인가?

　예수께서 말씀하시기를, "이미 목욕한 사람은 온 몸이 깨끗하다"고 하셨다. 베드로에게 이렇게 말씀하시고는 제자들을 향해서 "너희는 깨끗하다. 그러나 다 그런 것은 아니다"라고 하셨다. 가룻 유다가 배신할 것을 알고 하신 말씀이다. 배신은 깨끗한 마음에서 생기는 일이 아니다. 거짓말하고, 도둑질하고, 죽이고, 속이고, 가난하고 힘없는 사람을 착취하는 악한 일은 모두 깨끗하지 못한 마음에서 생기는 것이다. 항상 깨끗한 마음만 가지고 사는 사람이 얼마나 될지 모르지만, 예수님은 우리를 많이 신뢰하셨다. 우리가 목욕만 하면 다시 깨끗해질 수 있다고 하신 것이다.

　목욕을 한다는 것은 몸 전체를 씻는 것이다. 이것은 우리 삶의 모든 면을 깨끗하게 하는 것이기도 하다. 남 앞에서는 선하게 행동하면서, 집에서나 남이 보지 않은 데서 나쁜 짓을 하는 사람은 위선자이다. 그런 사람은 일시적으로는 선한 척 할 수는 있지만 그것이 오래 가지 못한다. 그러나 깨끗한 마음을 가진 사람은 모든 일을 사랑으로 할 수 있다. 배신은 한 때의 실수나 잘못이 아니라, 깨끗하지 못한 마음에서 생기는 것이다. 우리의 몸뿐만 아니라 마음까지 전체가 깨끗할 때, 하나님과 이웃과 깊은 관계를 맺을 수 있는 것이다.

기도: 하나님, 우리로 하여금 깨끗한 마음을 가지게 하시옵소서. 당신의 은혜의 생수로 우리 존재 전체를 청결케 하시옵소서. 당신의 사랑으로 저희를 온전케 하시옵소서. 예수님의 이름으로 기도합니다. 아멘.

John 13:1-11
Take a Bath and Be Clean

One of the things Jesus did before his death was to wash the feet of his disciples. It was a ritual of cleansing as well as servitude. We are to be clean. Most of us like clean things: clean laundry, clean sheets, clean food, clean transaction, clean government. But what does it mean to have a clean heart?

Jesus said, "No one who has had a bath needs washing, such a person is clean all over." Then he faced the disciples saying, "You too are clean, though not all of you are." He was refering to Judas Iscariot, the betrayer. Betraying trust does not come from a clean heart. Many of our evil doings like lying, stealing, killing, deceiving, taking advantage of the poor and the powerless...all do not come from a clean heart. We wonder whether any of us can have a clean heart all the time. We often give the excuse that "we are only human." But Jesus seems to have more trust in us than that. He said we can be clean all over again—if we take a bath.

Taking a bath involves all of our body. It is to be clean in all aspects of our lives. Acting good in public and doing bad things at home or behind others is hypocrisy. Sometimes we can pretend to be good, but that does not last long. When we have a clean heart, we are driven by love in all the things we do. Betraying trust is not the result of an accident or a mistake. It is the result of an unclean heart.

We need to have a clean heart by bathing our whole being. It is only in the wholeness of our being that we will find deeper connection with God and with others.

Prayer: Help us to have clean hearts, O God. We need the water of your grace to cleanse our whole being. Make us whole in your love. In Jesus' name. Amen.

마가복음 15:33-39
배신의 아픔을 이기고

가출할 생각을 해본 적이 있는가? 있다면, 어떤 때 그런 생각을 했었는가? 나도 국민학교 다닐 때 한두 번 잠시 집을 나간 일이 있었다. 아버지의 꾸중을 심하게 듣고 마음이 몹시 상했을 때였다. 나를 사랑하지 않으신다고, 버림받았다고 느꼈을 때였다. 지난날을 돌이켜 볼 때, 가장 아프고 쓰라린 경험은 버림받았다고 느꼈을 때였다. 이런 아픔은 육체적인 고통 이상의 아픔일 때가 많다.

고난 주간을 맞이하며 예수님 당시의 상황을 미루어 볼 때, 그는 철저히 버림당한 처지였다. 그는 열두 제자 중 하나인 가룟 유다에게 배신을 당했고, 수제자였던 베드로조차 예수님을 세 번이나 모른다고 부인하며 배신했다. 예수님은 자신을 열렬히 따르던 군중들의 버림까지 받았다. 예수의 목숨보다는 살인자 바라바의 목숨을 살리라고 소리친 그들은, 바로 며칠 전 종려나무 가지를 흔들면서 예수님을 환영하던 무리들이었다. 예수님은 친구와 적의 배척을 동시에 받았다. 십자가에 매달려 돌아가실 때에는 하나님마저도 자기를 버린 것이 아닌가 생각되었다. "나의 하나님, 나의 하나님, 어찌하여 나를 버리셨나이까?" 예수님은 절규하였다. 이것이 예수님의 고난이었다. 철저한 배신이었다.

버림당할 때는 온 세상이 끝난 것처럼 느껴진다. 우리 영혼과 희망까지도 죽임을 당한다. 그러나 믿음을 가진 자는 거기서 끝나지 않는다. 예수에게 있어서 죽음에 이르는 가장 무서운 배척도 그것으로 끝나지 않았기 때문이다. 아무도 알지 못했지만 하나님께서는 부활과 생명의 새로운 이야기를 준비하고 계셨다. 이 고난 주간 동안, 죽음의 한가운데서 희망을 기다리는 강력한 의지를 다시 한 번 경험하게 된다.

기도: 세상의 버림을 받으신 주님, 당신의 아픔을 기억합니다. 저희들의 아픔 가운데 주님께서 함께 고통받으시는 줄 믿습니다. 고통과 배신의 구렁텅이에서 희망으로 저희를 인도해 주시는 은혜에 감사드립니다. 부활의 날을 인내하는 마음으로 기다리게 도와 주시옵소서. 십자가에서 고통당하신 예수님의 이름으로 기도합니다. 아멘.

Mark 15:33-39
Passion Week

Have you ever tried or had thoughts of running away from home? When were those times? When I was in elementary school, I ran away from home a couple of times for a few hours. I was deeply hurt by my father's scoldings and felt that I was not loved anymore. I felt rejected. When I look back at the most hurtful times of my life, they all have to do with feelings of rejection. Many of them were harder than any physical pain I have endured.

During this Passion Week, Jesus must have felt the incredible pain of rejection. He was betrayed by Judas, one of his 12 disciples who sold him for money. Jesus was rejected by Peter, his most trusted disciple when three times he denied knowing Jesus. He was rejected by the crowd when they asked to save Barabbas, a murderer, instead of Jesus. Wasn't this the same crowd that welcomed him with palm leaves just a couple of days ago? Jesus was rejected by almost everyone in town, both friend and foe. As he was hanging on the cross, he wondered whether God had rejected him too. "My God, my God, why have you forsaken me?" he cried. This was the passion of Jesus.

In times of rejection, the world seems to come to an end. Rejection kills our spirits and our hopes. But is this the end of the story? In God's story of Jesus, the one unto death, the worst of all rejections, it was not the end. No one may be able to see it, but God is preparing a new story of resurrection and new life. This week, in the midst of death, we experience the incredible power of waiting in that hope.

Prayer: How must it have hurt you, O God, when you were rejected by the world! In our own pain of rejection, we know that you suffer with us. But, we thank you for saving us from the pits of pain and rejection. Help us to wait patiently for the resurrection. In Jesus' name. Amen.

마태복음 28:1-10
부활절

몇 년 전, 아주 특이한 부활절 선물을 받은 적이 있다. 작고 투명한 플라스틱 통 안에 잘게 썬 풀잎이 들어 있었고, 그 위에 작은 벌레가 누워 있었다. 이 선물을 잘 간수하면 부활절의 의미를 깨닫게 될 것이라고 친구는 말했다. 벌레를 싫어하는 처지여서 당장 버리고 싶었지만, 친구의 선물이라 책장 구석에 놓아두고 가끔씩 들여다보기로 하였다.

한 주일쯤 뒤엔가 들여다보니, 그 작은 벌레가 어느 사이 징그러운 큰 벌레가 되어 작은 병 안을 다 차지하고 있었다. 또 며칠이 지난 뒤에 보니 이번에는 까맣게 죽어 있었다. 내가 좋아하지도 않고 돌보지도 않았더니 드디어 죽어 버렸구나 하고 쓰레기통에 버리고, 선물을 준 친구에게 전화를 걸어 미안하다고 했다. 그랬더니 친구가 아직 집 밖에 버리지 않았으면 쓰레기통에서 꺼내어 다시 지켜보라는 것이었다. 내키지는 않았지만 쓰레기통에서 다시 꺼내어 두니, 벌레는 확실한 고치의 모습을 띠기 시작했다. 죽었던 모습은 고치로 되어 가는 과정이었다. 친구는 그 고치를 커다란 병으로 옮기고 설탕물을 옆에 놓아두라고 했다.

그러던 어느 날, 집에 와 보니 빨간 날개의 나비가 고치 껍질을 벗고 나오려고 애쓰고 있는 것이 아닌가. 나비의 날개가 내가 병 안에 마구 쏟아 놓은 설탕물에 젖어 고생을 하고 있었다. 옆에 따로 두라고 일러준 말을 기억하며 나비에게 너무 미안했다. 나비를 꺼내 손바닥에 올려놓고 생명의 신비를 생각하며 한참동안 들여다보았다. 곧 나비는 자기 날개로 공중을 향해 날아갔다. 나의 무관심과 무지, 그리고 나의 의심과 불신에도 불구하고, 새 생명은 태어난 것이다. 이것이 바로 부활의 신비가 아닐까? 새 생명의 탄생은 신비이며, 놀라움과 경의로움으로 받는 선물이다. 예수님은 부활하셨다. 생명으로 사망의 권세를 이기셨다. 할렐루야!

기도: 하나님, 우리 인간의 생각으로는 부활의 참뜻을 이해하지 못합니다. 저희들의 의심에도 불구하고 새 생명을 주시는 하나님께 감사드립니다. 모든 죽음의 세력을 극복하고 일어나는 새 생명을 경험하게 하시옵소서. 예수님의 이름으로 기도합니다. 아멘.

Matthew 28:1-10
Mystery of New Life at Easter

I received a strange gift for Easter several years ago. It was a small caterpillar lying on a bed of chewed-up grass in a see-through plastic container. The friend who gave me the gift said I will learn valuable lessons about Easter by nurturing a caterpillar. I hate worms, but I did not want to throw away a gift. So I kept it on a book shelf, only peeking at it once in a while.

In about a week, it became a big fat worm, but a few days later it turned dark and did not move. I was sure it was dead since I did not take care of it. I threw it away and called up the friend to tell her that it was dead. She patiently said, "If you haven't thrown away the garbage, pick it up and keep it." So I did. It turned into a cocoon but I did not know it. I was told to put the cocoon in a large glass jar with some sugar water on the side. More than a week passed but nothing changed. I was sure that it was dead again, but I decided to keep it for my friend's sake.

One day, when I came home, a beautiful red butterfly was struggling its way out of the dead-looking shell of the cocoon. Its wings got wet in the sugar water I carelessly placed in the jar. I pulled out the butterfly and held it in my hands, wondering at the mystery of it all. I let it fly away from me. I witnessed the birth of a new life which came in spite of my lack of trust in it.

Easter is a mystery. The power of the birth of new life is a mystery, a gift which we receive in awe and in wonder. Jesus is risen! Death is overcome by life! Praise the Lord!

Prayer: O living God, our human mind will never understand how and why of the resurrection. We praise you for bringing in new life in spite of our doubts. May we experience new life from all forms of death. In the name of the coming Christ, we pray. Amen.

누가복음 24:36-49
살아 있는 것은 변화하고 성장한다

목사님이 부활절 아침 어린이 설교를 위해 살아 있는 오리 새끼 한 마리를 가져 오셨다. 작고 부드러워 노란 솜털 뭉치 같았다. 예배가 끝나자 한 아이가 그 오리 새끼를 자기가 잘 키울 테니 달라는 것이었다. 그 아이는 자기집 목욕탕에 물을 넣고 오리 새끼가 헤엄치는 것을 보며 매우 즐거워하였다. 그리고 종이상자로 오리집을 만들어 주었다. 오리 새끼는 건전지가 달아 없어지지 않는 장난감과 같았다.

그런데, 부활절에 받는 쵸콜렡 토끼나 고무로 만든 병아리는 얼마 지나면 없어지는데, 이 오리 새끼는 없어지지 않았다. 없어지기는커녕, 자꾸만 커져 갔다. 종이 집을 다 부수어 버려, 지하실의 철사줄로 만든 커다란 장으로 옮겨야 했다. 목욕탕에서 헤엄을 치면, 넓은 오리발로 사방을 물바다로 만들었다. 뿐만 아니라, 이젠 사람을 물기까지 했다. 오리털은 뻣뻣하게 희어지고, 꽥꽥거리며 우는 소리는 시끄러웠다. 지하실에선 심한 냄새가 나기 시작했다. 그렇게도 귀엽던 부활절 오리 새끼는 죽지도 않고, 없어지지도 않고, 이 집안의 골칫거리가 된 것이다. 오리 새끼가 오리가 되는 것이 당연한 것인데도, 이 아이와 집안 사람들은 변해진 오리를 두고 어쩔 줄을 몰라 했다.

새 생명의 힘은 영원히 죽기를 거부한다. 권력자들은 골칫거리였던 예수를 죽임으로 그를 없애 버렸다고 생각했다. 그러나 부활의 새 생명은 요원의 불길처럼 번져 갔고, 그 힘은 더욱 커지기만 했다. 살아 있다는 것은 성장하는 것이고 변화하는 것을 의미한다. 부활을 두려워하는 사람들은 성장과 변화를 두려워하는 사람들이다. 부활의 힘을 믿는 사람들은 죽임을 당하기도 한다. 그러나 죽음의 권세가 부활의 새 생명을 이기지 못한다. 우리는 생명의 힘과, 생명의 성장과 그 변화를 믿으며 기뻐한다.

기도: 하나님, 당신께서 주관하시는 부활의 새 생명의 힘을 아무도 막을 수 없습니다. 부활절과 함께 저희들도 새로운 생명의 힘으로 자라나게 하시고 변화하게 하시어, 우리를 지배하려는 죽음의 권세를 물리칠 수 있게 하시옵소서. 다시 사신 그리스도의 이름으로 기도합니다. 아멘.

Luke 24:36-49
Death Cannot Stop New Life

My pastor brought in a live duckling for children's sermon on Easter Sunday. It was a cozy yellow ball of fuzz. Promising to take good care of it, one boy asked to take it home after church. He put it in the washtub and watched it swim in circles. He made a nice room for the duckling out of a cardboard box. The boy enjoyed the duckling very much because it was a toy that did not need any batteries.

But unlike Easter morning when all the rubber chicks and chocolate bunnies come and go, this duckling did not go away. It just got bigger and bigger. Soon, it had to be moved from the cardboard box to a chickenwire pen in the basement. The washtub got smaller and smaller for the duck. Its powerful web-feet splashed water all over the place. The duck started biting. The feathers turned white and it started to quack loudly. The basement began to stink. The beautiful Easter duckling became a real pain and nuisance because it refused to die or go away.

Jesus, the trouble maker to the authorities, was put to death. They thought they got rid of him. But instead, news of the resurrection spread like wildfire, and they got more and more of him. New life means growth and change. There are many who are threatened by the resurrection because they do not want you to grow and change. Many have been put to death for believing in the resurrection. But death cannot stop the Easter. We celebrate that newness of life, its growth and its change in all who believe in it.

Prayer: No one can stop the power of Easter for it is your doing, O God. Challenge us with Easter so that we may always overcome the power of death that tries to control us. In the name of the risen Christ. Amen.

시편 118:21-25
버린 돌이 모퉁이 머릿돌이 되다

내 또래의 사촌이 있는데, 그녀는 우리 사촌들 가운데 가장 뛰어난 미모의 여인이다. 그러나 우리가 자랄 때는 그녀가 못난이였다. 뿐만 아니라, 우리 삼촌과 이모가 아들을 기다리다 난 여자 애여서, 시골에 계신 할머니 슬하에서 자라야만 했다. 버림받은 외로운 아이였다. 우리는 십대 소녀가 되어 다시 만났는데, 그 때 그녀는 아름다운 여인으로 변해 있었다.

우리는 남과 다르게 보인다고, 다르게 생겼다고, 혹은 행동이 다르다고 사람들의 배척을 받을 때가 있다. 그리고 사람들의 의견을 그대로 믿고 자신이 정말 못났다고 생각해 자신을 잃고 만다. 예수님은 다른 종교 지도자들과는 색다른 말씀을 하시고, 행동도 특이하시다는 이유로 배척을 받으셨다. 그는 십자가 위에서 돌아가실 때까지 철저하게 배척당하셨다. 그러나 예수님은 끝까지 자신을 잃지 않으셨다. 자신이 누구라는 것을 잘 알고 계셨고, 자신이 하는 일에 확신이 있으셨다. 예수님은 하나님의 인도하심을 전적으로 신뢰했기 때문이다. "건축하는 사람들이 내버린 돌이, 집 모퉁이 머릿돌이 되었다"(118:22, 표준새번역)고 하는 시편 기자의 말은 예수님의 삶을 가리켜서 자주 사용되는 말이다.

우리도 때로는 여러 가지 이유로 사람들의 배척을 당할 수 있다. 그러나 우리가 하나님의 자녀라는 확신을 잃지 않으면, 언젠가는 버림받은 돌이 머릿돌이 될 수 있다. 하나님의 나라에는 모든 사람이 있을 자리가 있기 때문이다.

기도: 하나님, 나의 음침한 절망과 배신의 골짜기에서 당신의 사랑을 붙들 수 있는 힘을 주시옵소서. 하나님께서 친히 저희들을 지으셨기에, 우리는 모두 아름답고 소중한 당신의 아들딸임을 알고 있습니다. 버려진 돌 같은 저희들을 어루만지시고 연마하시어, 당신의 나라의 머릿돌이 되게 하시옵소서. 예수님의 이름으로 기도합니다. 아멘.

Psalm 118:21-25
The Rejected Stone Becomes the Cornerstone

I have a cousin my age whose beauty stands out among all of my cousins. But when we were growing up, she was considered to be ugly. Moreover, she was born as a second daughter when my aunt and uncle were waiting for a son. So, she was sent away to live with her grandparents in a countryside in Korea. She was a rejected and lonely girl. When I met her again in our teen-age years, she turned out to be the most beautiful girl in the family.

There are times when we are teased and rejected for looking different, for being different, or for doing things differently from the majority in the group. We also buy into the opinion of the majority, believing that we are indeed ugly or stupid because we're different. And we lose confidence in ourselves.

Jesus was often rejected for doing things differently and saying things that were different from other religious leaders. He was rejected even until death. But Jesus did not lose confidence in himself because he knew who he was and what he was doing. He had total confidence in God who was guiding his way. The confession of the psalmist, "The stone that the builders rejected has become the chief cornerstone," has often been used to refer to the life of Jesus (Psalm 118:22).

We may be rejected at times for one reason or another, but if we do not lose confidence in who we are and whose we are, time will come when the "rejected stone will become a cornerstone." There is an important place for everyone in God's kingdom.

Prayer: From the depth of our distress in rejection, O God, help us to hold fast to your love. We know that we are beautiful and important to you because you created us. Polish us so that we may become cornerstones for the building of your kingdom. In Jesus' name, we pray. Amen.

고린도후서 4:7-11
죽음으로부터의 생명

아프리카의 불새, 특히 케냐와 탄자니아의 불새들은 부활의 이야기와 연결되어 있다. 이 불새들은 활화산의 용암 바로 옆에 있는 뜨거운 호수 위에 알을 낳는다. 화씨 140도나 되는 뜨거운 물에 타 죽지 않게 호숫가의 진흙으로 물 위에 작은 봉우리를 만든다. 이 작은 봉우리 위에 알을 낳고 부모 새들이 번갈아 가며 망을 보고 보호한다. 새끼들이 알에서 깨어난 후에도 뜨거운 호수에 빠지지 않도록 극진한 보호를 한다. 불새들이 뜨거운 호수에 알을 낳는 이유는 다른 동물들로부터 새끼들을 보호하기 위해서이다. 그러나 먹이 때문에 결국은 새끼들이 날게 되자마자 다른 곳으로 옮겨간다.

생명체가 살 수 없는 극심한 상황에서 불새들은 생명을 탄생시킨다. 멀리서 바라볼 때 이 새들은 글자 그대로 타는 불 속에서 나오는 것처럼 보인다고 한다. 그래서 사람들은 불새들이 죽으면 불 속에서 다시 부활한다고 믿었다.

사도 바울은 고린도 교회의 교우들에게 편지하기를, 자신과 친구들이 여러 가지 환난을 당했지만 낙심하지 않고 절망하지 않는 것은, 예수님이 죽음으로부터 생명을 얻었듯, 그들에게는 생명이 있기 때문이라고 했다. 그리고 예수를 위하여, 그 생명을 나타나게 하려고, 늘 몸을 죽음에 내맡긴다고 했다. 사람들이 비극을 극복하고 새 삶을 찾는 것을 보면 위대한 힘을 목격하게 된다. 상상하기도 어려운 고통과 아픔을 극복하고 새로 거듭나는 사람들은, 자신들이 알지도 못했던 힘이 자신 안에 있다는 것을 발견하게 된다. 신앙 역시 고난을 통해서 단련되고, 풍랑이 지난 다음에는 한층 높은 차원의 믿음의 자리로 올라간다. 아프리카의 불새들처럼 삶의 가혹함이 새로운 삶으로 인도한다.

기도: 힘과 생명되시는 하나님, 생명은 신비롭습니다. 평안하고 충족한 삶에서가 아니라 슬픔과 아픔 속에서 새 삶을 경험합니다. 우리가 어려운 일을 당할 때, 새 생명에 대한 희망을 잃지 않고, 당신과 더욱 가까워지는 것을 경험하게 하시옵소서. 예수님의 이름으로 기도합니다. 아멘.

2 Corinthians 4:7-11
Life from Death

Firebirds of Africa, mainly in Kenya and Tanzania, have been associated with stories of resurrection. These birds lay eggs in a lake heated by the lava of a live volcano. To avoid being scorched by 140-degree (F) water, the birds make little mounts above the water with the clay from the lake. After laying eggs on the mount, the parents take turns during the incubation period. They have to take special care of the new chick after it is hatched so that it will not fall into the hot water below. The reason firebirds choose this hot lake is to protect their young from other animals. But, since there is no food there, they have to leave as soon as the young chicks are ready to fly.

Under the harshest conditions imaginable for any form of life, these birds give birth to life. From a distance, these birds look like they are coming out of a burning fire. People from ancient times believed that after the firebirds die, they are resurrected through fire.

Paul tells the Corinthian Church that he and his friends are subjected to all kind of hardship, but they are not distressed because they have life in them. Since they carry the death of Jesus in their bodies, they also carry the life of Jesus. The greatest power we witness in people is when tragedy is overcome with new life. Out of the most unimaginable pain and suffering, people are reborn to life. They find strength in themselves that they didn't know they had. Like firebirds, harshness of life gives birth to a new life.

Prayer: God of power and life, all of what we know of life is such a mystery to us. Rather than in comfort and in plenty, it is always in hardships and sorrow that we experience new birth. May we be strengthened to a new level of closeness to you in our hardest times. In Jesus' name, we pray. Amen.

마태복음 19:13-15
하늘 나라와 어린이

자랄 때 내 남동생은 매우 짓궂었다. 특히 어린 여동생에겐 더 심했다. 하루는 여동생이 오렌지 씨를 삼키고는 걱정이 되어 오빠에게 얘기를 했다. 남동생은 큰일 났다고 하며, 이제 그 씨가 뱃속에서 싹이 터 나무가 되어 입 밖으로 자라 나올 것이라고 했다. 걱정이 된 여동생이 어머니에게 울면서 왔다. 어머니는 동생을 달래며 절대로 그런 일은 안 일어날 테니 걱정 말라고 하셨다. 그러나 여동생은 그 끔직한 생각을 버릴 수가 없는지 며칠이고 계속 염려를 하였다.

아이들의 생각이 어른들에게는 바보처럼 들릴 때가 있다. 그런데 예수님은 하늘 나라는 어린이들의 것이라고 말씀하셨다. 왜 예수님이 그렇게 말씀하셨을까? 어른들이 갓난아이들을 귀여워하는 것은 순결하고 순진하기 때문이다. 갓난아이들의 미소와 재롱은 마음이 완악한 사람도 부드럽게 만든다. 갓난아이들은 어른들에게 완전히 의존할 수밖에 없는 존재이지만, 그들의 신뢰감 때문에 우리 어른들을 감동시킨다. 불행하게도 우리는 어른이 되면서 어린이들의 순진 무구함과 거짓 없음을 상실하고 만다. 우리는 성장하면서 자신과 이웃에게 거짓말을 하고, 교만해지고, 사람들을 신뢰하지 않게 된다.

사실, 우리 모두는 한때 어린이였다. 그래서 아직까지도 우리 속에는 순진 무구한 어린아이의 심성이 있어 남을 신뢰하고 싶고, 무조건적인 사랑을 받고 싶어한다. 우리 안에 있는 이 어린아이의 심성을 잃지 않고 잘 길러야, 하늘 나라의 백성이 될 수 있다. 순진하게 남을 믿어 배신당할 때도 있고, 상처 입게 될 때도 있지만, 우리는 그 연약함으로 하나님을 찾게 되고, 이웃과의 친교를 두텁게 할 수 있는 것이 아닐까? 우리 안에 있는 어린아이의 심성을 잘 간직하도록 하자.

기도: 주님, 우리 가슴속에 어린이와 같은 마음을 간직하게 하시어, 이웃과의 사귐이 사랑으로 이어지고 하나님을 무조건 사랑할 수 있게 도와 주시옵소서. 어린아이들이 하늘 나라에 들어갈 수 있는 것처럼, 우리 안의 어린아이와 같은 심성이 우리를 당신의 나라로 인도하게 하시옵소서. 예수님의 이름으로 기도합니다. 아멘.

Matthew 19:13-15
Nurturing the Child in You

When we were kids growing up, my younger brother used to be very naughty, especially to our younger sister. One day, my sister was gravely concerned that she had swallowed a seed from an orange. My brother told her that the seed would sprout in her stomach and an orange tree would grow out of her mouth. Even though my mother told her that it was not true, worries did not leave her for several days.

A child's way of thinking can be stupid at times in the eyes of grown-ups. But Jesus said the kingdom of heaven belongs to children. What did he mean by this?

We love babies and little children for their innocence and total trust. Their smile and vulnerability can touch the hearts of anyone, even the ones of hardened hearts. Although their survival depends totally on the care of the grown-ups, children have the power to move us because of their innocence. Unfortunately, as we grow up, we lose that innocence of telling the truth and trusting. We tell lies to ourselves and to others. We pretend and we lose trust in people.

One comforting fact is that we have all been children at one time in our lives. In each of us, there is a child that is innocent, trusting and wanting to be loved. This is a part we need to keep and nurture even as we grow older, because it is these qualities in children that will help us belong to the kingdom of heaven. Even when innocence looks stupid and trusting does hurt us, it is in these vulnerabilities that we seek God and fellowship with others. Keep the child in you!

Prayer: O God, help us become like little children in our hearts and in our relationships with others so that we will live trusting others. As children enter the kingdom of heaven, may the child in us enable us to also join your kingdom. In Jesus' name. Amen.

시편 131편
어머니와 같은 하나님의 사랑

우리는 살아가면서 많은 사람들을 만나게 된다. 그 중에 어떤 사람은 함께 있으면 유난히 마음이 편안해지는 사람이 있다. 그런 사람이 우리 집안 사람일 수도 있고 가까운 친구일 수도 있다. 그런가 하면 같이 오래 알았어도 편안하지 않은 사람이 있다. 내가 내 자신하고도 불편할 때도 있다.

남과 어떠한 관계에 있든지, 우리가 세상에 태어나서 처음 관계를 가지게 되는 사람은 어머니이다. 어머니의 몸 속에서 자랐고, 어머니 품안에서 먹고 잠들며 우리의 영혼과 육체가 자라났다. 어머니의 품은 가장 평화로운 안식처이다. 어머니의 품을 떠나면서 우리는 다양한 인간관계에 부딪치고 남에 대한 신뢰도 점점 잃으면서 살아간다. 남에게서 상처를 입지 않으려고 높은 벽을 쌓고 남이 접근하는 것을 두려워하기까지 한다.

오늘 읽은 시편의 짧은 구절은, 하나님의 희망과 평화를 어린아이가 어머니의 품에서 느끼는 것으로 비교하고 있다. 하나님이 우리와 함께 하실 때 평안하고 자신이 생기는 것은, 하나님이 어머니가 어린아이를 돌보듯이 우리를 사랑하시고 돌보시기 때문이다. 하나님의 사랑은 우리에게 자신감을 주고 이웃을 사랑할 수 있는 마음의 여유를 준다. 우리 중심에 하나님의 사랑이 있을 때, 우리는 남들과도 평안한 관계를 가질 수 있다. 남에게 상처를 입는 일이 있더라도 하나님의 사랑은 그 상처를 아물게 하고 다시 이웃을 신뢰하는 믿음을 회복하게 한다. 어머니와 같은 하나님의 사랑이 있기에, 우리는 스스로 소중한 인간이라는 자신감과 정체성을 가질 수 있다. 그리고 나 자신은 물론, 가족과 이웃, 나아가 세상의 모든 것까지도 사랑할 수 있다. 우리에게 어머니를 주신 하나님께 감사드리며, 어머니와 같은 하나님의 사랑에 감사한다.

기도: 하나님, 어머니 품에서 한없는 사랑과 평화를 느끼는 어린아이와 같이, 하나님의 사랑과 평화를 느낍니다. 당신의 사랑에 힘입어 우리도 이웃을 사랑하게 도와 주시옵소서. 그리하여 깨어진 관계를 치유하며, 당신의 품안에서 가르쳐 주신 사랑의 신뢰를 회복하게 하시옵소서. 예수님의 이름으로 기도합니다. 아멘.

Psalm 131
The Motherly Love of God

Do you have someone in your life who is so special to you that when you are in his or her presence you feel like you can totally be yourself? For some of us, that person may be a member of our family; for others, it may be a friend. But some of us may never be totally comfortable with anybody, including ourselves.

Our first relationship on earth is with our mothers. Out of our mother's bodies we come, and in her breast we receive nourishment for our bodies and our souls. In our mother's arms we find total security and peace. But through failed relationships along the way, we gradually lose trust in others. We build high barriers to protect ourselves from getting hurt, and we do not let others come close to us.

In today's short passage, the psalmist compares our hope and peace in God to a little child in its mother's arms. In God's presence, we can be totally ourselves because God loves us and cares for us as a mother. God's love makes us feel special, and in that love we gain confidence to fully express our love for others. It is the centering love within us that will make us feel comfortable with others. We may have been hurt by others, but God's love can heal our distrust.

Someone special may make us become who we are, but we can also make others feel comfortable with us. It is a mutual energy of love that has to be shared. From that secure place of love, we grow to love all of God's world. We thank God for our mothers and for the motherly love of God.

Prayer: Like little children in their mother's arms, we find comfort and peace in you, O God. Strengthened by our trust in your love, help us to love others, mending broken relationships, bringing trust that you have taught us in your womb. In Christ's name. Amen.

로마서 8:14-17
하나님의 재녀됨

내가 일하는 직장의 직속 상관이 몇 달 동안이나 뜨개질을 하는 것을 지켜보았다. 노아의 방주를 아름답게 수놓는 것이었다. 누구를 위해 그렇게 정성을 드리느냐고 물었더니 이제 몇 달 후에 생길 손자를 위한 것이라고 했다. 그의 맏아들이 한국에서 아기를 입양한다는 것이다. 그리고는 입양해 오는 아기의 침실을 찍은 사진까지 보여주었다. 그 침실 벽에는 입양하는 부모가 직접 그린 노아의 방주 안에 들어갈 동물들의 그림이 재미있고도 호화롭게 그려져 있었다. 그 외에도 아기 방의 가구나 장식들은 모두 완벽하게 보였다. 입양하는 아기를 위해 온 가족이 정성을 다해 사랑으로 세심한 준비를 하는 것을 보고 눈물이 핑 돌았다. 한국에서 그 아기가 어떠한 사정으로 생부모와 이별을 하게 되었는지는 모르지만, 새 부모에게 진한 사랑을 받고 자랄 수 있으리라 생각하니 마음이 놓였다.

오늘 읽은 본문에서, 바울은 우리를 하나님의 영으로 입양된 자녀라고 말한다. 우리 모두에게는 우리를 낳아 주신 부모, 길러 주신 부모들이 있다. 어떻게 해서 부모님 가운데 한 분이나 두 분 모두 사별하게 되기도 하고, 이혼이나 다른 이유로 따로 살게 될 수도 있다. 자녀된 사람으로서 우리는 부모에게 생기는 일을 우리 뜻대로 움직일 수는 없다. 부모들 역시 인생의 여러 가지 시련과 어려움 속에서 자신의 뜻대로 살아가지 못할 때가 많다. 세상을 둘러보면 매년 수천 수만의 아이들이 전쟁과 기아로 고아가 된다. 이러한 비극과 비참함 속에서도 하나님께서는 우리들을 하나님의 자녀로 삼으시고, 세상 어디에서도 찾아 볼 수 없는 변하지 않는 사랑을 베푸신다는 것이 사도 바울의 말씀이다. 하나님의 자녀로 입양되는 것은 더할 수 없이 위대한 사랑의 선물이다. 하나님의 사랑은 측량할 수 없을 만큼 크고 깊기 때문이다.

기도: 하나님, 저희들이 부족함에도 당신의 자녀로 삼아 주시고, 저희들을 위해 사랑과 정성으로 보살펴 주시니 감사드립니다. 우리가 어떠한 역경에 처해 있을지라도, 당신의 자녀임을 잊지 않게 도와 주시옵소서. 감사드리며 예수님의 이름으로 기도합니다. 아멘.

Romans 8:14-17
Adoption as Children of God

I watched my boss working on a beautiful piece of needlework for several months. It was a colorful picture of Noah's ark. She said it was for her new grandchild who would be coming in a few months. Her son was adopting a baby from Korea. She also showed me pictures of the new bedroom awaiting the baby. The parents-to-be beautifully painted the walls, depicting happy animals and people in Noah's ark. Other decorations and furniture around the room looked perfect. The whole family was preparing for the new child with such love and care that I was moved to tears. Whatever circumstance may have caused the birth parents in Korea to give up their child, I felt full love in this new family.

Paul writes about our adoption as children of God in spirit. We all have parents that gave birth to us and parents that nurtured us. Sometimes we lose one or both of our parents through death, divorce or other forms of separation. As children, we do not have much control over the unfortunate happenings in our parents' lives, for they are as vulnerable as we are to all that happens in human life, including death. Tens and thousands of children around the world are orphaned each year through war and starvation. In the midst of such uncertainty and misery in human life, the Apostle Paul tried to assure us that God adopts us as God's children in unchanging love and steadfastness, different from that of the world. Adoption as God's child is a great gift of life. We will always be nurtured and cared for in the new household of God.

Prayer: O God, we know that you have waited for us to come to you. And we trust that you will never abandon us even when we go astray at times. In Jesus' name, we thank you for adopting us as your children. Amen.

고린도전서 6:19-20
우리의 몸은 성령의 집

며칠 전에 텔레비전 대담을 보았다. 보스턴 대학의 아이스하키 대표 선수로 그의 첫 경기에서 목이 부러지는 불상사를 당했던 트레비스 로이 (Travis Roy)와의 대담이었다. 트레비스가 넘어지자 경기를 보러 왔던 아버지는 소리를 지르면서 "빨리 일어나, 어서, 어서!" 하고 격려를 했지 만, 그는 일어나지 못했다. 그 날의 부상으로 그는 목 아래로 전신 마비 가 되었다. 그러나 그는 사고 후, 몇 년이 지나는 동안 식구들의 사랑과 돌봄으로 자신의 삶을 되찾았고, 그가 할 수 있는 범위 안에서 활동을 하 기 시작했다. 손을 쓸 수 없는 그는 입으로 미국 국기를 그렸는데 수준급 의 작품이었다. 트레비스는 자기와 같은 처지의 영화배우 크리스토퍼 리 이브스를 삶의 모델로 삼고 있다고 했다.

이들에게 주신 하나님의 선물은 희망을 버리지 않는 마음과 정신이었 다. 몸의 일부분이 죽었는데도 그들은 생의 의미를 찾으려고 노력했다. 게다가 몸이 온전치 못하기에, 하나님을 믿고 의지하는 마음은 보통 사 람보다 더 간절하고 확신에 차 있었다. 암담한 역경 속에서 하나님께서 주시는 또 하나의 선물은, 역시 희망과 믿음으로 사랑을 퍼붓는 식구들 이었다. 이들의 이야기를 들으면서, 인간의 사랑의 능력과 힘이 얼마나 큰 것인지 새삼 놀랐다. 이들의 삶에 대한 애착은, 같은 처지에 있는 사 람들에게만 힘이 되는 것이 아니라, 몸을 자유롭게 쓸 수 있는 사람들에 게도 큰 자극이 될 것이다.

이들의 이야기를 들으면서 나는 스스로에게 물었다. "나는 내 몸을 가 지고 무엇을 하고 있는가? 내 몸을 잘 가꾸고 있는가? 나는 내 몸을 뜻 있게 사용하고 있는가? 어떻게 나의 몸이 하나님의 집이 될 수 있을까?" 이제 우리 모두는, 우리 몸을 어떻게 가꾸고 사용해야 할지, 하나님의 가 르침을 구하는 기도를 해야 하겠다.

기도: 하나님, 우리 몸을 신비롭고 조화롭게 창조하심을 감사드립니다. 트레 비스와 같은 많은 이들의 삶을 통해서, 하나님의 영이 우리 안에 계시다는 것 을 깊이 느낍니다. 우리 몸을 가꾸고 돌봄으로써, 당신의 집을 귀하고 아름답 게 지키게 하시옵소서. 예수님의 이름으로 기도합니다. 아멘.

I Corinthians 6:19-20
What Am I Doing with My Body?

On television the other day, I watched an interview with Travis Roy, a Boston University ice-hockey player who broke his neck during the first game he played. When he couldn't get up from his fall, his father who proudly came to watch his son play the game, said, "You can do it, son, come on..." Like the many times he helped him get up from other falls, he thought his boy would get up. But he never did. He became paralyzed from the neck down. For several years now, with love and support from his family, he is doing what he can. He drew an American flag with a brush in his mouth. It was an impressive work of art. Travis told the interviewer that Christopher Reeves, the star of Superman, is his role model.

God has given these people the belief that life has meaning in spite of the death of some parts of the body. And the other gift of God is the incredible love of family members. We see human strength and love at its best in these stories. Their lives are an inspiration not only to those that have lost the use of some parts of their body but to those of us who have the full use of our bodies.

Stories like this make me ask, "Am I taking good care of my body? Is my use of the body meaningful for my life and for others?" How true it is that our bodies are to be temples for God. In spite of the death of some bodily functions, we can witness the power of God's spirit living within us.

Prayer: O Creator, we see in our bodies the beauty and the mystery of your creation. We witness the power of your living spirit within us through the many people who teach us not to take our bodies for granted. Help us to be good stewards of your temple by taking good care of our bodies and our souls. In Jesus' name. Amen.

사도행전 2:1-21
오순절과 성령의 은사

우리가 한국말과 영어를 유창하게 하든 못하든, 코리안-아메리칸들은 이중언어를 구사하며 살아야 하는 상황 속에서 살고 있다. 우리는 언어 문제로 식구들 사이에서도 의사소통이 잘 안될 때 좌절하게 된다. 어떤 때는 하도 답답해서 이중언어권에서 사는 것이 축복인지 저주인지 의심할 때조차 있다. 미국에 오래 살다 보면, 두 가지 언어에 다 유창하지 못한 일이 생기기도 한다.

오순절은 부활절이 지난 다음 50일이 되는 날이며, 교회의 탄생일이라고도 한다. 오순절날, 예수님을 따르던 사람들 머리 위에 성령이 하늘로부터 내려왔다. 성령을 받은 사람들이 제일 먼저 할 수 있었던 일은 외국어로 말하는 것이었다. 오순절에 당시의 세계 각처에서 예루살렘으로 모여들었던 사람들이, 다 자기네 나라의 말로 모든 것을 듣고 이해했다는 것이다. 이것이 기독교 교회의 시작이다.

여러 나라의 말을 할 수 있다는 것은 대단한 능력이다. 이 능력으로 사람들을 연결할 수 있고, 다른 나라 사람들과 관계를 맺을 수 있으며, 온 세계에 복음을 전파할 수 있다. 특히 오늘날, 지구촌이란 말이 생길 정도로 세계의 다양한 나라와 문화가 서로 가깝게 살게 된 현실에서는, 여러 나라의 말을 하는 것이 필수적으로 되어가고 있다. 그러므로 이중언어권에서 태어나 산다는 것은 특별한 선물이 아닐 수 없다. 비록 한 언어를 다른 언어보다 더 많이 사용해야 한다 해도, 두 가지 언어를 쓴다는 것은 한 가지 말만 하는 것보다 생각과 사고의 폭을 훨씬 넓힐 수 있기 때문이다. 하나님께서 주신 이 귀한 선물을 우리는 더욱더 개발하여 하나님 나라를 이루는 데 사용할 수 있어야 하겠다. 우리가 가진 이 언어의 능력으로 세상의 수많은 사람들을 보다 더 이해하고, 넓고 깊은 관계를 만들어 나아갈 수 있길 바란다.

기도: 하나님, 우리에게 주신 여러 가지 언어의 선물로 교회를 세우신 것을 감사드립니다. 우리에게 특별히 허락하신 이중언어의 은사를 가지고 당신의 세계를 넓게 경험하게 하시고, 그것을 바탕으로 전 세계의 복음화에 앞장서는 일꾼이 되게 하여 주시옵소서. 예수님의 이름으로 기도합니다. 아멘.

Acts 2:1-21
Gift of Many Languages

Most Korean-Americans live in a bilingual world. It can be a very frustrating experience when we cannot communicate fully among family members because of language. I sometimes wonder whether it is a blessing or a handicap to be a bilingual person, because both languages feel foreign to me at times.

Pentecost, 50 days after Easter, is refered to as the birthday of the church. On that day, the Holy Spirit came down from heaven to the gathered group of followers of Jesus. The Holy Spirit gave the people the ability to speak in other languages. People of different languages there were able to understand everything in their own native tongues. And, that was the beginning of the Christian church!

The ability to speak many languages is a tremendous gift. It builds networks, bridges, communities and yes, the church around the world. Especially in today's world, when different nations and cultures live so closely with each other, speaking several languages is becoming a necessity. Being born to a bilingual family is a special gift. Even though one language may be used more than the other, bilingual ability stretches our thoughts and minds beyond a monolingual culture. We need to nurture this gift God has given us and use our ability fully for the betterment of God's kingdom. It will enhance greater understanding among the peoples of the world.

Prayer: O God, who creates many races and cultures, we thank you for the gift of many languages that build up the church. You have given us the special gift of bilingualism so that we may know more of your world. Even when our language skills fail us, help us hold on to the gift of the Holy Spirit that enables us to understand your love among us. In Jesus' name, we pray. Amen.

창세기 2:2-3
휴가를 하나님과 함께

여름 휴가는 주로 어떻게 보내는가? 어떤 때는 휴가 후에 휴가가 또 필요할 때가 있다. 너무 바쁘게 많이 돌아다녀 피곤하기 때문이다. 하나도 놓치지 않으려고 분주하게 다녔지만, 결국 놓치는 것이 많았다. 그중 가장 많이 놓치는 것은 바로 나 자신이 아닌가 생각된다.

몇 년 전, "죽은 시인들의 사회"(Dead Poet's Society)라는 영화가 있었다. 키이팅(Keating)이란 영어 선생이 십대 학생들에게 인생에 대해서 가르치려고 노력하는 영화이다. 하루는 키이팅 선생이 교탁 위에 올라서서 "내가 왜 이 위에 올라섰지요?" 하고 질문했다. "키가 커지려고요", 한 학생의 대답이었다. 그러자 그 선생은, "그게 아니야. 이 위에서는 다른 시각으로 사물을 볼 수 있기 때문이야"라고 했다.

휴가는 세상을 좀 다른 시각에서 보게 하는 시간이다. 일상생활에서 벗어나 그 동안 경험하지 못했던 것들을 경험하는 시간이다. 좀 다른 시각에서 하나님과 같이 하는 시간을 가지는 것이다. 그러나 이러한 시각은 바쁘게 정신없이 많은 것을 하는 데서는 가질 수 없다.

하나님이 세상을 창조하실 때, 엿새 동안 열심히 일하시고 이렛째 되는 날은 쉬기로 하고 이 날을 거룩한 날로 축복하셨다. 일손을 멈추고 일상생활에 브레이크를 걸어 지금 내가 어디에 와 있는지 둘러보고, 어디로 가야 할까 생각하는 것이 쉬는 날에 할 수 있는 일이다. 시간을 내서 그 시간을 거룩한 시간으로 만드는 것은 하나님과의 관계를 새롭게 하는 데 도움이 된다. 올 휴가부터는 즐겁고 신나는 시간인 동시에, 거룩한 시간이 되도록 계획을 세워 보자.

기도: 하나님, 쉬는 날을 따로 정하셔서 거룩한 시간으로 축복하신 것을 감사드립니다. 짧은 시간에 많을 것을 하려는 욕심으로 너무 바쁘다 보니, 당신과 깊이 있는 시간을 가지지 못할 때가 많습니다. 우리를 인도하시어, 당신의 뜻을 따라 삶의 목표를 세우며 살아갈 수 있도록 도와 주시옵소서. 예수님의 이름으로 기도합니다. 아멘.

Genesis 2:2-3
Vacationing with God

How do you spend your vacation time? For many years, I did so many things during vacation that I needed another vacation after the vacation. I didn't want to miss anything, but in reality I was missing a lot—myself.

Several years ago, there was a movie called, "Dead Poet's Society." An English teacher tried to teach his teen-age students about life. One day, he climbed up on his desk and asked, "Why am I up here?" One student answered, "To become taller." Mr. Keating said, "No, I am here to look at things from a different perspective."

Vacation or retreat time provides an opportunity to look at the world from a different perspective. It is a time for us to get away from our mundane, routine lives to explore a world we have not yet experienced. It is a time to know more about God from a different perspective, and this does not necessarily mean that we have to do a lot.

When God created the universe, God rested on the seventh day and blessed the day, making it holy. When we take a rest from the routines of life, we are hitting on the brakes to look at where we are and where we are going. Taking time for the holy can do wonders for our relationship with God. Vacation can be a time to be holy with a lot of fun!

Prayer: Thank you God for setting aside time to rest and blessing it in your holiness. We tend to think that doing more is doing better, forgetting to take quality time with you. Help us draw closer to your will. In Jesus' name. Amen.

마가복음 11:15-18
분노의 선물

역설적으로 들릴지 모르지만, 분노를 느낀다는 것은 우리 인간이 지닌 선물 중에 하나이다. 분노는 무엇이 잘못됐다는 것을 알리는 신호이다. 마음이 상했을 때 우리는 분노를 느낀다. 분노는 변화를 요구한다. 옳지 못한 것을 볼 때 분노를 느끼는 것은 좋은 일이다. 분노는 정의로운 일을 위해 투쟁할 수 있는 힘을 준다. 이것을 우리는 "정의의 분노"라고 한다.

화를 내는 것이 파괴적인 것이고 나쁜 것이라고만 생각하는데, 항상 그렇지는 않다. 분노의 근원이 무엇인지 파악하는 것이 중요하다. 파괴적인 행동은 분노의 근원에 집중하지 못하고 왜곡된 감정처리로 일어날 때가 대부분이므로, 그릇된 것을 고치는 데 도움이 전혀 안 된다.

예수님은 불의를 대할 때마다 분노하셨다. 거룩한 곳을 모독하거나, 스스로 선하다는 교만한 사람들, 가난하고 불쌍한 사람들을 업신여기거나 무시하는 사람들에 대해서 화를 내셨다. 예수님이 성전을 정화하신 것은 잘못된 상황을 보고 참지 않으시고 화를 내신 좋은 사례이다. 구약 성경을 읽으면 하나님께서도 사람들이 하나님과의 계약을 어기고 악한 길로 가는 것을 보시고 분노를 참지 못하시는 것을 보게 된다. 하나님의 노하심은 사람들을 회개하게 하고 변화를 일으키게 한다.

크리스챤으로서 우리는, 속으로부터 끓어오르는 정의로운 분노의 소리를 들을 줄 알고, 그것이 무엇을 위해서인지 분간할 수 있는 능력을 배워야 한다. 정의를 실천하라는 하나님의 부르심일지도 모르기 때문이다. 분노는 하나님의 뜻을 이루는 데 용기와 희망을 주는 힘이 될 수 있다. 하나님의 영광을 위해 우리는 이 힘있고 놀라운 분노의 선물을 선용할 줄 알아야 한다. 다만 주의해야 할 것은, 하나님의 도움 없이 우리 자신과 이웃을 파괴하는 데 남용하지 않도록 하는 것이다.

기도: 하나님, 우리는 오랫동안 분노라고 하는 귀한 선물을 잘못 이해하고 잘못 사용해 왔습니다. 분노를 파괴적으로 사용하고 남을 해치는 데 남용해 온 것을 용서하시옵소서. 저희의 분노가 거룩한 분노가 되게 하시며, 이 능력을 당신의 나라를 위해 쓸 수 있도록 도와 주시옵소서. 예수님의 이름으로 기도합니다. 아멘.

Mark 11:15-18
Righteous Anger

Anger is a gift from our body and spirit that signals something is not right. We get angry when we are deeply hurt. Anger demands that a change is needed. It is good that we get angry when we witness injustice. It provides us with the energy to keep fighting for a just cause. We call this righteous anger.

We perceive anger to be destructive and bad, but it's not always the case. When angry, it is important to find out the root cause of our anger. Destructive behavior comes from unfocused and misguided energy and does not bring about change.

Jesus was often angry when he encountered heartless people, people who abused the holy space, people who did not see their own self-righteousness and people that ignored the poor and the needy. The cleansing of the temple is a good example of Jesus' acting out in anger to change the situation. In the Old Testament, we read that God did not refrain from fully expressing anger whenever people betrayed their covenant with God and turned to evil ways. God's indignation brought about change in people.

As Christians, we need to learn to listen and identify the righteous anger boiling within us. It may be God's voice calling us to do justice. Anger can help us to act courageously. Ask for God's guidance as we use this powerful gift for the glory of God. But be on guard lest we use it to destroy ourselves and others.

Prayer: For too long, O God, we have denied and abused your gift of anger. Forgive us for using anger in destruction and manipulation of others. We pray for your guidance in the use of this powerful gift. In Jesus' name. Amen

마태복음 14:22-33
인간의 다양성은 하나님의 선물

내가 살던 기숙사에 도둑이 든 적이 있다. 이런 일이 발생하면 온 동네가 공포에 떨게 된다. 더 비극적인 일은 서로가 서로를 한 번쯤은 의심하게 되는 일인데, 이 때 우리가 평소에 잘 모르는 사람들, 특히 외국에서 온 언어가 다르거나 문화가 다른 사람들을 더 많이 의심했다.

어느 날 예수님의 제자들이 풍랑이 이는 호수를 건너게 되었다. 예수님은 홀로 조용한 곳을 찾아 기도하러 가셨다가, 기도를 마치시고 제자들과 함께 하시려고 물 위를 걸어 배 있는 곳으로 가셨다. 누군가 물 위를 걸어오는 것을 보고 제자들은 몹시 놀랐다. 누군지 알아보지도 않고 모두들 "귀신이다!" 하고 소리쳤다.

공포 속에 싸여 있을 때, 우리는 낯선 사람을 마귀 혹은 귀신으로 취급한다. 우리와 다른, 우리가 모르는 사람들을 겁내하고 싫어한다. 그러나 문화적 차이, 성별 차이, 연령 차이, 인종 차이 등 여러 차이는 그 자체가 악하거나 나쁜 것이 아니다. 따라서 그 차이를 어떻게 보고 해석하는가가 중요한 것이다. 우리가 모른다고, 우리와 다르다고 그것을 어떻게 나쁘다고 볼 수 있겠는가? 그것은 나만이 옳다는 이기적인 태도이며, 편견과 차별의 불씨가 된다.

하나님에 대해 더 알고자 한다면 하나님의 세계의 다양함을 배워야 한다. 이 세상을 새로운 안목으로 넓게 볼 수 있을 때, 두려움보다는 다양성을 즐길 수 있는 자유를 얻게 된다. 공포에 떠는 제자들을 향해서 예수님께서 말씀하시기를, "안심하여라. 나다. 두려워하지 말아라"(14:27, 표준새번역)고 하셨다. 오늘도 예수께서는 우리들에게 하나님의 창조 세계의 다양성을 포용하라고 권고하신다. "두려워 말라. 이 모든 다양성 속에 내가 있고, 그들은 나의 작품이다"라고 말씀하고 계시다.

기도: 주님, 우리의 마음 문을 열고 당신께서 지으신 이 세계의 다양함을 받아들이게 하시옵소서. 당신의 작품이 나와는 다르다는 이유로 두려워하고 배척하는 버릇을 고쳐 주시옵소서. 다양한 꽃과 다양한 색, 다양한 자연과 다양한 사람이 조화롭고 아름다움을 깨닫게 하시고, 그 안에서 자유하며 참 기쁨을 나누게 하시옵소서. 예수님의 이름으로 기도합니다. 아멘.

Matthew 14:22-33
Differences in People Are Gifts of God

There was a robbery in my dormitory. One incident like that threw the whole neighborhood into fear. The sad part of it all was that it drove us to be suspicious of each other. The main targets of suspicion were on the ones people did not know very well—people of other languages and cultures.

One day, disciples of Jesus crossed a stormy lake by themselves. Jesus went away alone to have some quiet time to pray. Later, in order to catch up with them, he just walked on the water. When the disciples saw someone walking on the water, they were terrified. Without checking who it was, their first response was, "It is a ghost!"

In our fear, we name people we do not know as evil—as ghosts. The unknown, those different from us, can create fear in us. Culture difference, gender difference, age difference, racial difference—all of these differences themselves are not evil or wrong. It is how the difference is interpreted that creates animosity. We fear what we cannot control. This becomes the seed for prejudice and discrimination.

In order to learn more about God, we need to learn about the diversity in God's world. In our new learnings, we will cast away fear and be free to enjoy the differences. To the fearful disciples, Jesus said, "Take heart, it is I; do not be afraid." Even today, Jesus invites us to embrace the differences in God's creation, saying, "Do not be afraid; it is I in each of the differences. I have created them."

Prayer: Open our hearts so that we may appreciate your creation, O God of the Creator. May our faith in you help us cast, away the fear of differences within your creation. In Jesus' name. Amen.

이사야 2:4
6·25 한국 전쟁을 기억하며

6·25 전쟁은 한국 사람이면 누구나 아픔으로 기억하는 비극의 역사이다. 1950년에 발발한 이 전쟁은 남과 북으로 갈라진 형제자매들이 서로 잔인하게 싸웠을 뿐 아니라, 미국을 포함한 15개 나라들의 젊은이들이 목숨을 바친 국제적인 싸움이었다. 3년 동안에 수백만의 군인과 민간인이 생명을 잃었고, 온 나라가 피난민이 되어 천만 이상의 가족들이 헤어져, 아직도 그 행방을 모르고 있는 형편이다. 1953년 휴전 이후, 50년이 가깝도록 남과 북은 군대가 중무장을 하고 휴전선 너머 서로를 감시하고 있다.

우리는 미국에 살고 있고, 한국의 휴전선을 본 적도 없는 사람들이 많지만, 전쟁을 겪은 어른들, 특히 이북에서 살다가 이남으로 피난 온 부모님 세대는, 한반도에 다시 전쟁이 일어나지 않을까, 언제 평화롭게 남과 북이 왕래할 수 있을까, 그리고 언제나 통일이 될 수 있을까 한숨 지으며 6·25를 기억하신다. 한국의 평화와 통일은 미국의 외교 정책과 아주 긴밀한 관계를 가지고 있다. 우리는 미국에 살고 있는 한국인으로서, 한국의 평화 통일을 위해서 많은 관심과 간절한 기도를 올려야 한다.

옛날 중동 지역의 아주 작은 나라였던 이스라엘도 자기네끼리 싸우다가, 북쪽과 남쪽 여러 나라의 침략으로 희생되었던 뼈아픈 역사가 있다. 오늘 본문의 이사야 선지자의 꿈은 바로 전쟁을 경험한 우리 모두의 꿈이다. "민족간의 모든 분쟁을 판결하고, 모든 갈등을 해결하고" 평화를 이루어 "칼을 쳐서 보습을 만들고 창을 쳐서 낫을 만드는" 세계 평화를 이룩하는 것이 우리 모두의 간절한 희망이다. 오늘날 세계 곳곳에서 일어나고 있는 크고 작은 전쟁의 종식을 위하여, 우리는 끊임없이 기도해야 하겠다.

기도: 사랑의 하나님, 저희 세상에 전쟁이 없게 하여 주시옵고, 전쟁으로 고통당하는 모든 어머니들과 어린아이들, 그리고 전쟁터에서 죽고 죽이는 젊은이들과 함께 하시옵소서. 저희들을 당신의 평화의 사도로 삼아 주시옵고, 이 땅에 당신의 나라가 이룩될 수 있도록 인도하시옵소서. 평화의 왕 되시는 예수님의 이름으로 기도합니다. 아멘.

Isaiah 2:4
"6·25" Korean War Memorial

There is one common experience all persons of Korean heritage share—the Korean War. It is often called "6 · 25 War" in Korean, the day the war started in 1950. In 1953 cease-fire divided the country into North and South. Officially the war is not yet over even today, making Korea one of the most heavily militarized nation in the world. It was a war that involved the whole Korean Peninsula, and it still affects almost every single family of Korean heritage.

From those who survived the war—that is every Korean who is over 45—we often hear their incredible stories of survival in the midst of death. In almost every single Korean family, there are loved ones, family members or friends, who were either killed in the war or lost through the division of the country. To the millions, the emotional pain of that tragedy is a daily struggle for survival even today. The "han" of the Korean people is a deeply rooted emotion that seems to be ingrained in our genes and our souls.

The effect of war lasts a lifetime and even beyond to the following generations. War stems from greed and hatred. It is a total denial of God's love as we abuse our neighbors. The prophet Isaiah proclaims the vision of the day of Lord when "people will beat their swords into plowshares and their spears into pruning hooks." It is a day when they shall learn war no more. As we live in the way of the Lord, we should cleanse ourselves body and spirit from the culture of war. We are called to bring in the day when we will not love war.

Prayer: O God, heal the wounded bodies and hearts of many who live daily with the fallouts of war. Use us as instruments of peace on earth. In the name of Jesus, the Prince of Peace, we pray. Amen.

창세기 1:24-25
하나님이 창조하신 세계의 다양함

보르네오 섬에 있는 한 중국인 교회에서 예배를 함께 드릴 기회가 있었다. 그런데, 예배 도중 갑자기 고양이 한 마리가 울기 시작하는 것이었다. 그 교회는 카페트도 없고 커튼도 없어 음향이 너무 잘 되어서인지, 고양이의 애타는 울음소리는 온 교회에 울려 퍼졌고, 어디서 소리가 나는지도 알 수 없었다. 목사님은 목소리를 높여 교인들의 주목을 끌려고 했지만 고양이의 울음소리와는 경쟁이 안 되었다. 나중에 책장 뒤에 갇힌 고양이를 발견해 풀어 주었더니, 고양이는 강단 가운데로 당당하게 걸어 나가는 것이었다. 다음날은 정글 속에 있는 이반 (Ibans) 원주민의 수십 세대가 함께 사는 긴 집에서 예배를 보게 되었다. 그들의 집에는 개들이 함께 살고 있었는데, 거기서는 예배 도중 열 마리가 넘는 개들이 함께 모여 소리 높여 울기 시작하는 것이 아닌가. 개들의 향연은 우리의 찬송 소리를 완전히 삼켜 버렸다.

동물들의 울음소리와 어우러져 함께 예배를 드리며, 불현듯 노아의 방주 속은 과연 어떠했을까 하고 한동안 생각에 빠졌다. 인간들의 죄 때문에 세상이 모두 파괴될 수밖에 없었을 때, 하나님은 모든 종류의 동물들을 보존하시는 데 세심한 배려를 하셨다. 예배 시간에 방해를 하는 고양이와 개였지만, 그들도 나와 마찬가지로 하나님이 주신 공기와 공간을 공유할 수 있는 권리가 있는 것이 아닌가 생각되었다. 우리의 찬송과 기도는 우주의 모든 것을 창조하신 하나님을 향한 것이다. 그렇다면 이들 피조물들의 울음소리와 지저귐도, 우리가 부르는 찬송 소리와 같은 자연 화음의 일부가 아니겠는가?

예배를 드리는 동안, 하나님의 피조물들과 함께 공간을 나누고 있다는 생각은 나를 겸허하게 만들었다. 동시에, 나 역시 하나님의 피조물의 하나라는 것을 깊이 깨닫게 했다. 사람과 동물들, 새들, 나무들, 하다못해 길가에 핀 들꽃과 들풀까지도 하나님 앞에선 똑같은 존재인 것이다.

기도: 하나님, 다양하고 재미있는 세상을 만들어 주신 것 감사합니다. 모든 생명을 감사하고 사랑하는 마음으로 대하고 가꾸도록 인도하시옵소서. 모든 피조물이 영원토록 당신께 찬양의 노래와 기도를 올리게 하시옵소서. 아멘.

Genesis 1:24-25
Diversity in God's Creation

I was worshipping in a Chinese church in Sarawak with 300 people. Suddenly in the middle of our worship service we heard the desperate cry of a cat. The church had no carpets or curtains which created excellent acoustics. The pastor had to compete with the cat for people's attention, but it was pretty clear who was winning. The poor cat was caught behind a bookcase. When it was let out, it walked across the front of the sanctuary as if it were her space.

The following day, I was in a longhouse in the jungles worshipping with the Ibans. Right in the middle of our worship service, a dozen dogs got together and started howling at the top of their lungs. It was a well orchestrated cry which could not be matched by our hymn singing.

I thought about what it was like in Noah's ark. God was very careful to preserve all the animal species when the earth had to be destroyed as a punishment for human sin. The cat and the dog's cry during our worship made me feel that they also had the same right as I in sharing the air and space God has given us. Our prayers and songs are to God, creator of all creatures in the universe. Their singing and crying were as much a part of nature's harmony as our hymn sing.

It is truly a humbling experience to share space with my fellow creatures, especially during worship. I realized deeply that I am also a creature of God. I thanked God for all my neighbors—animals, birds, plants as well as humans—who remind me that we all belong to God.

Prayer: Thank you God, for the diverse and interesting world you have created. Help us to treat all life with great appreciation and love. May all creatures cry and sing praises to you forever. In Jesus' name, we pray. Amen.

마태복음 6:25-34
들에 백합화와 공중 나는 새를 보라

나는 내 긴 머리를 오랜만에 자르기로 했다. 그런데, 머리를 자른 후 손질하기는 쉬워졌지만, 내가 즐기던 여러 가지 머리 스타일이 아쉽기도 해서 약간 후회되기도 했다. 내 머리 모양이 갑자기 달라진 것을 보고 주위 사람들이 한 마디씩 했다. 어떤 사람들은 십 년은 더 젊어 보인다면서 아주 좋다고 했고, 또 어떤 사람들은 긴 머리가 더 잘 어울리니 다시 기르라고 했다. 이 말을 들으면 이런 것 같고, 저 말을 들으면 저런 것 같았다. 내 머리 스타일이 바뀐 것이 다른 사람에게 뭐 그렇게 대단한 일일까?

나 스스로가 자신이 없을 때, 다른 사람들의 의견이나 소문에 귀 기울이게 되고 흔들리게 마련이다. 나하고 반대되는 의견을 말한다 해도, 누구나 그 나름대로의 의견을 가지고 말할 수 있는 권리가 있다. 문제는 내가 나 자신에 대해 어떻게 생각하느냐 하는 데 있다. 나의 머리 모양이나 옷차림, 내가 신은 구두, 내 화장 같은 것에 대해서, 내 자신의 생각보다 다른 사람들의 의견을 듣고 너무 속상해 하고 우울해지는 데 문제가 있는 것이 아닐까?

예수님은 우리의 근심과 걱정을 알고 계셨다. 몸을 위해 무엇을 먹을까, 무엇을 입을까 걱정하지 말라고 하시며, 생명은 이 모든 것보다 귀중하다고 하셨다. 염려한다고 해서 목숨을 한 순간이라도 더 연장할 수 있는 것은 아니라는 것이다. 그럼에도 불구하고 우리는 주위 사람들의 의견에만 목을 걸고 전전긍긍하며, 삶의 중심과 균형 감각을 상실할 때가 많다. 얼마나 헛된 일인가? 하나님을 갈망하고 그의 의를 구하면, 우리가 염려하는 이 모든 것들을 주신다고 예수님은 말씀하신다. 든든한 사랑의 보장이다. 이러한 확신은 우리들 마음에 중심을 잡게 한다. 그리고 우리 영혼의 닻이 된다.

기도: 우리들을 들의 백합화와 공중 나는 새들보다 귀하게 사랑하시니 감사합니다. 당신의 사랑을 잊어버리고 주변 사람들의 얕은 칭찬이나 험담에 흔들리는 저희들을 용서하시옵소서. 당신의 사랑을 굳게 붙들게 하시어, 걱정과 근심 속에 살지 않게 하시옵소서. 예수님의 이름으로 기도합니다. 아멘.

Matthew 6:25-34
Do Not Worry About How You Look

I decided to cut my long hair short for a change. Noticing the drastic change in my looks, almost everyone around me had something to say about my hair. Some said I looked 10 years younger and that I looked great. Others said long hair is who I am and that I lost my symbol. I tend to agree with both, and I still am not sure which one is better for me. So, what's the big deal?

When we are unsure of ourselves, we are swayed by every opinion that comes along our way. Our moods swing up and down depending on how we feel about ourselves at the time. Listening to such opposing opinions about my looks, it was clear that other people are entitled to whatever opinion they have. The real issue here is how I felt about myself. We get distressed and depressed when we don't get 100 percent affirmation on things like our hair style, our clothes, our shoes and our make-up.

Jesus knew our worries. He tells us not to worry about our bodies, clothes and food, for life is more than these things. He says worrying is not going to add another hour to our span of life. How true that is! Yet, too many of us give in to peer-pressure, losing our center and balance in life. Jesus says if we strive for God and God's righteousness, all of the things we worry about will be given to us. What an affirmation of God's love! It is this assurance that provides us with a strong center within our hearts. It will become the anchor for our souls.

Prayer: O Creator and Sustainer, thank you for loving us more than the lilies of the field and birds of the air. Forgive us for forgetting your love and for running after shallow affirmation from all others around us. Help us to hold fast to your assuring love so that we will not live in worries and sorrows. In Jesus' name, we pray. Amen.

열왕기상 3:5-15
선과 악을 분별하는 일

복권 당첨이 되어서 일확천금을 얻는 꿈을 꾸어 본 일이 있는가? 수백만의 사람들이 이런 꿈을 안고 매일 복권을 사며 그 꿈이 이루어지기를 희망한다. 최근의 조사에 따르면, 복권에 당첨되는 것이 건강에 해롭다고 한다. 왜냐하면 당첨된 사람들이 너무도 급격한 변화에 적응하지 못해 삶에 혼돈이 오고, 여러 사람들이 돈을 요구하며 귀찮게 굴어 인간관계도 순조롭지 못하게 되어, 결국은 행복한 삶을 살지 못한다는 것이다. 돈으로 권력과 명성을 얻지 못하고, 쉽게 얻은 돈이 불행을 초래하는 것이다.

솔로몬이 왕이 되었을 때, 그는 하나님에게 몇 억불의 돈을 달라고 하여 성전이나 학교, 병원이나 빈민들을 위한 아파트를 건축하는 등 사회를 위해서 훌륭한 일을 할 수 있게 해달라고 할 수도 있었을 것이다. 그러나 이런 것들 대신에 솔로몬 왕은 "지혜로운 마음을 주셔서, 주의 백성을 재판하고, 선과 악을 분별할 수 있게 해주시기를" (3:9, 표준새번역) 구했다. 하나님은 솔로몬이 자신을 위해서 무엇인가를 요구하지 않고 선과 악을 분별하는 지혜를 요구한 것을 대단히 기뻐하셨다. 그래서 하나님은 그에게 모든 것을 주셨다. 지혜는 물론, 역사상 어느 왕도 갖지 못한 부까지 주셨다.

영원한 행복을 원하는가? 그렇다면, 하나님과 사람들 앞에서 옳은 일을 하라. 이런 삶은 결코 실망을 가져오지도 않을 뿐더러, 복권에 당첨된 사람처럼 혼돈과 스트레스로 고민하게 되지도 않을 것이다. 그리고 이 길은 복권에 당첨되기보다 훨씬 더 쉬운 길이다.

기도: 하나님, 저희 인간의 마음은 너무 연약해서, 성공할 확률도 없는 일에 꿈과 희망을 가지고 도박하는 일이 많습니다. 또 우리는 기도할 때 우리 자신만을 위해서 기도할 때가 많습니다. 솔로몬과 같은 믿음을 주시어, 세상과 이웃을 위해서 옳은 일을 감당하며, 선과 악을 분별할 지혜를 구하게 하시옵소서. 예수님의 이름으로 기도합니다. 아멘.

1 King 3:5-15
Do the Right Thing

Have you ever dreamed of winning a lottery ticket? Millions of people buy lottery tickets everyday in hopes of achieving this dream. A recent study showed that winning a lottery is hazardous to your health. The reason? It brings so much stress to the winner with a sudden change in life, including pressures from all kinds of people soliciting money, that it seldom ends up being the "happily ever after" story. Instead of power, fame and glory, the fast-earned money brings misery in most cases.

When Solomon became king, he could have asked God for billions of dollars to build temples, schools, hospitals, affordable housing and all the wonderful things for society. But instead he asked for "an understanding mind to govern the people and ability to discern between good and evil." God was very pleased that Solomon asked for discernment to do the right thing, rather than asking something for himself. So God gave him all—wisdom as well as riches like no other king in history.

Do you want to live happily ever after? Then, do the right thing for God and for people. It will never disrupt your life like winning the lottery. It will certainly be easier, too.

Prayer: O God, our minds are so feeble that sometimes we hang our dreams and hopes on something that does not give us much chance for success. We confess that we often pray only for ourselves. Give us faith like Solomon so that we can pray to do the right thing for others and for the world. In Christ' name. Amen.

마태복음 7:15-20
신앙은 삶 전체로 경험하는 것

　말레이지아의 중학교 학생 에이미(Amy)가 크리스챤이 되게 된 간증을 들은 적이 있다. 에이미의 부모는 크리스챤이 아니었는데, 할머니 댁을 방문했을 때 할머니를 따라 교회에 나가 예배에 참석하게 되었다. 그런데, 처음으로 드린 예배를 그녀는 하나도 이해할 수 없었다. 하루는 인자한 아주머니가 집에 찾아와 여호와의 증인이라고 하면서 참된 크리스챤의 길을 가르쳐 주겠다고 했다. 에이미는 그 아주머니가 주고 간 문서들을 열심히 읽고 예배에도 참석했다. 몇 달이 지난 후 버스 정류장에서 미국에서 왔다고 하는 두 젊은 남자를 만났는데 몰몬교도라고 했다. 이들 역시 참 그리스도에 대해서 이야기하기 시작했고, 에이미는 이 청년들이 준 성경을 공부했다. 그러나 에이미는 더욱 더 혼동 속에 빠져들었다. 그 후 얼마 안 되어 비행기 안에서 선교사 한 분을 만났는데, 에이미는 그에게 그 동안의 이야기를 하였다. 그는 에이미에게 집 근처에 있는 교회에 나가 같은 나이 또래의 친구들과 사귀고 중등부에 가입하라고 충고했다. 에이미는 그의 충고를 받아들였고, 그런 이후 얼마 안 가서 마음에 평화를 얻고 하나님을 가까이 하게 되었다고 한다.

　가정에서 믿음의 길잡이를 찾지 못하면 진리를 위한 탐색은 길고 어려운 여정이 된다. 세상에는 여러 종류의 사람들, 단체들, 그리고 책들이 우리들을 유혹한다. 우리가 아는 것이 확실하지 않을 때, 이들은 모두 혼란을 가져온다. 신앙은 진공상태에서 생기는 것이 아니다. 신앙이라는 것은 우리 삶 전체로 경험하는 것이다. 우리 가족, 교회와 이웃과 분리되는 것이 아니라, 공동체와 함께 하는 산 경험 속에서 자라나는 것이다. 신앙은 우리 삶 전체가 온전함에 이르는 성숙의 과정이며, 나 혼자 걷는 길이 아니라, 가족과, 이웃과 나누고 도와 주며 함께 걷는 길이다.

기도: 하나님, 저희들이 외롭게 혼자 떠돌 때 길을 잃기가 쉽습니다. 서로 도움으로, 우리 안에서 하나님이 함께 하심을 느끼게 하여 주시옵소서. 방황하는 많은 젊은이들을 옳은 곳으로 인도하옵시고, 삶 전체로 신앙을 고백하며, 바른 신앙인으로 살아가게 하시옵소서. 예수님의 이름으로 기도합니다. 아멘.

Matthew 7:15-20
Beware of False Prophets

While I was visiting a Chinese church in Malaysia I heard Amy, a high school junior, give personal testimony of her journey to becoming a Christian. Her parents were not Christians but she went to Catholic mass with her grandmother. She did not understand what everything meant in the mass. Then, one day, a motherly looking woman who professed to be a Jehovah's Witness knocked on her door. She said she came to teach her about true Christian ways. Amy read the materials the woman left with her and also attended their worship services.

A few months later, at a bus stop, two young men from the United States who said they were Mormons, started telling her about the true Christ. Amy started reading the book they gave her. Sometime later, she met a missionary who heard about her experiences. He told her to stop reading all the confusing materials and go find a church in her community where she can find friends her age and join the youth group. Amy did that. After some time, she finally found peace with herself and with God.

When we have no guidance at home about faith, our search for truth can be a long journey. It can be very confusing when we are not sure about where we need to be. Jesus warned the people about false prophets who come in a disguise.

Faith is not something that happens in a vacuum. Faith involves our whole being and is experienced in our total life. It is a living experience with our family, church, neighbors and community. Our whole life is a journey of maturing to this wholeness, and we never travel alone.

Prayer: O God, when we drift alone, we often get lost. Help us to help each other so that we may always feel your presence among us. In Christ' name. Amen.

요한복음 9:1-12
믿는 것이 보는 것이다

　나는 안경을 처음 꼈던 순간을 잊을 수 없다. 전에는 먼 곳에 있는 것을 보려면 눈을 찌푸리고서도 사물의 형태를 정확히 분간할 수 없었다. 그런데 안경을 끼고 나서 사물의 자세한 부분까지 보게 되면서 무척 놀랐다. 책장에 쌓인 먼지도 보였고, 어머니 얼굴의 잔주름도 보였으며, 교실 둘레에 붙어 있는 작은 글씨들도 다 읽을 수 있게 되어 기적 같았다.

　나의 근시안은 예수님이 눈뜨게 해주신 소경에 비하면 아무것도 아니다. 나면서부터 소경이었던 이 사람이 눈을 뜨고 보게 되었으니, 본인이나 그의 부모들이 며칠이고 몇 달이고 기뻐 날뛰었을 것이 분명하다. 그런데 유감스럽게도 그의 주위 사람들은 그가 보게 된 것을 믿지 못했다. 예수님이 눈먼 사람들을 고칠 수 있다는 사실을 받아들이지 않은 것이다. 그들이 오히려 예수님을 통해서 일하시는 하나님의 권능을 볼 수 없는 소경들이었다. 예수님의 권능을 믿는 것을 거부하였다. 믿지 못하는 자들의 소경됨은, 신체적으로 소경된 사람보다 훨씬 더 심각한 것이었다. 예수님이 말씀하신 대로 눈먼 사람은 죄 때문에 소경된 것이 아닌데 반해, 그들은 믿기를 거부한 죄로 인해 소경이 되었기 때문이다.

　어떤 때는 차라리 소경이 되어 세상에 돌아가는 일을 안 보고 싶을 때가 있다. 가난에 허덕이는 사람들, 배고파서 죽어 가는 아이들, 도시의 범죄들과 집안의 폭력 등 보기 끔찍한 것들을 보고 싶지가 않다. 그러나 보지 못하면 다치게 된다. 인생의 고속도로에서 잘못 회전할 수도 있고, 위험물에 충돌할 수도 있다. 나만 다치는 것이 아니라 남들을 다치게 할 수도 있고, 길을 잃어 헤맬 수도 있다. 하나님을 향한 믿음은 우리의 욕심과 게으름으로 멀었던 눈을 고쳐 주고, 보게 한다. 하나님의 넓은 세상을 바르게 보고, 바른 판단을 하며, 이기적인 욕심에서 벗어나 이웃을 사랑하게 한다.

기도: 하나님, 우리로 하여금 눈을 뜨게 하시어 내가 누구이며, 이 세상에서 어떤 사람인가를 분명히 보게 하여 주시옵소서. 우리의 마음이 완악하여 눈이 멀었으면 고쳐 주시고, 보이는 것을 믿는 것뿐만 아니라, 보이지 않는 것까지도 믿는 참된 믿음을 갖도록 도와 주시옵소서. 예수님의 이름으로 기도합니다. 아멘.

John 9:1-12
Believing Is Seeing

I still can't forget the first day I got my eyeglasses. Before I had to squint to look at things in a distance. I did not know what I was missing until I tried on the glasses. I saw the details of everything. I saw dust collected on my book shelves. I saw lines on my mother's face; and I was able to read almost everything around the classroom. It felt like a miracle to me.

I am sure my short-sightedness is no comparison to the blindness of the man who was able to see after Jesus healed him. He and his parents must have leaped for joy for days and months. But regretfully, people around him could not believe that he could see. They had a hard time accepting the fact that Jesus can cure a blind person. They were blind to seeing the power of God working through Jesus. They refused to believe in his power. Their blindness was more serious than the man born blind because theirs came from the sin of refusal to believe.

Sometimes, life is easier and happier when we are blind to certain things. We don't have to see the uglier parts of the world, like people living in poverty, children starving to death, crime in our cities, abuse at home, and all things that are not pleasant. When we do not see well, we make wrong turns and bump into danger as we drive along life's highways. We get hurt but we also hurt others. We can get lost and have a hard time finding our way out. Faith in God cures our blindness.

Prayer: O God, open our eyes to see clearly where we are and who we are in this world. May we be cured of our blindness that comes from our hardened hearts so that we may love and be loved by others. In Jesus' name. Amen.

출애굽기 3:7-10
8·15 광복절

1945년 8월 15일은 세계의 많은 사람들이 기억하는 날이다. 미국이 일본과의 태평양 전쟁에서 승리한 날이며, 제2차 세계대전이 끝난 날이기도 하다. 제2차 세계대전이 끝남으로 해서, 서구 제국주의 나라들에게 식민지로 있던 많은 아시아의 나라들이 해방되었다. 한국도 일본의 패전과 함께 해방되었다. 그런데 한국은 8·15 해방과 함께 남과 북으로 분단되는 쓰라린 역사를 가지고 있다. 당시, 38선 북쪽에 있던 일본 군대를 무장 해제하는 일을 소련 군대가 맡았고, 남쪽에 있던 일본 군대는 미군이 맡아서 했는데, 그것이 바로 분단의 씨앗이 되었다. 1948년 북쪽에는 공산당이 주도하는 정부가 들어섰고, 남쪽에는 민주주의를 이념으로 하는 정부가 들어서, 급기야 1950년 남과 북이 6·25 전쟁을 함으로써 분단의 벽은 더욱 높아지기만 했다.

8·15 해방이 되기까지, 일제하의 한국 교회는 출애굽기의 이스라엘 민족 해방의 이야기를 읽고 설교하면서, 한민족의 해방을 간절히 기도하며 희망했다. 8·15 광복절은 지난날 우리 조상들이 일본 제국주의로부터 해방된 날을 단순히 역사적인 과거의 일로 기억하기만 하는 것이 아니다. 나라를 잃고 다른 민족의 노예생활을 하던 서러운 역사를 가슴에 새기는 날이다. 일본 군대에 끌려가 온갖 고생과 모욕을 당한 정신대 여인들, 일본에 끌려가 강제노동을 하다가 아직도 천대를 받으면서 일본에 머물러 살고 있는 한국 사람들을 기억하고, 이들을 위해서 기도하는 날이다. 8·15 해방과 함께 분단된 조국의 통일을 위해 기도하는 날이다. 그리고 다시는 남의 나라 식민지가 되어 언어와 이름을 잃어버리고 종노릇하는 일이 없어야 한다는 자유와 자주를 다짐하는 날이다.

기도: 자유를 주시는 하나님, 광복절을 기억하면서 나라 잃은 설움을 딛고 일어서 자유로운 민족으로 성숙할 수 있도록 이끌어 주시니 감사합니다. 이스라엘을 해방하신 출애굽의 하나님께서, 이제 분단과 미움의 억압에서 우리를 해방시켜 주시옵소서. 예수님의 이름으로 기도합니다. 아멘.

Exodus 3:7-10
Liberation and Independence

Have you ever thought of what it means to live under colonization? It may sound like a distant time when all of Korea was under the Japanese colonial rule. Our grandparents tell us about their experience of dehumanization and suffering under the Japanese rule. Many Koreans were cheated and dragged into forced labor in Japan. Thousands of Korean women were forced in sexual slavery for the Japanese soldiers. August 15, 1945 is the day World War II ended. Many of the colonized countries of Asia were liberated, including Korea.

Israelites had been in slavery under the Egyptians, when people cried out to God for deliverance. God chose Moses to liberate them from slavery. God, then, told the Israelites to tell all the generations to come the story of their liberation. It was to be their identity and the basis for their faith.

It is important for us to remember the history of Korea, for it shaped us and our families. Liberation from Japan was wonderful. But after the liberation, the Soviet Union and the United States took over the matters in Korea. These two powers came with different ideologies and different interests. They divided the Korean peninsula into North and South according to their ideologies. Korea is still divided today, where families and friends have not met for the last 50 years. As we remember history, we pray for the families whose loved ones were killed in the war and for the families who have been divided for half a century. We remember our history in the midst of God's history amongst us.

Prayer: We remember all that died in pain and suffering in colonized lands. We remember all Koreans who lived and died through the tragedy of the past century. You, O God, who have liberated the Israelites from slavery, come to liberate us from our slavery of division and hatred. In Jesus' name. Amen.

마태복음 13:1-9
한량없는 하나님의 사랑

우리 아버지는 훌륭한 정원사이시다. 아파트에 사셔서 한 평의 땅도 소유하지 못하셨지만, 아파트 뒤뜰의 잡초들을 파내고 그 자리에 텃밭을 일구어 여러 가지 채소들을 심고 가꾸신다. 아버지는 이 작은 텃밭에 씨를 뿌릴 때도 신중하게 계획을 세우신다. 어느 식물도 다른 식물에 그늘지지 않게 하고, 씨를 뿌리는 것도 씨 봉지의 설명서에 따라 세심하게 뿌리신다. 이러한 세심한 배려는 어느 정원사나 농사꾼이라도 마찬가지일 것이다.

그런데 예수님의 씨뿌리는 사람의 이야기는 상식과 좀 다른 것을 보게 된다. 이 씨뿌리는 사람은 밭에 나가서 어디든지 마구 씨를 뿌린다. 그래서 씨앗들이 돌짝 밭에도 떨어지고, 가시덤불 위에도 떨어지고, 여러 종류의 토양에도 떨어진다. 이 씨뿌리는 사람은 여유 있고 너그러운 사람이었다. 예수님은 이 씨앗을 하나님의 말씀으로 비유하고, 여러 종류의 땅과 밭을 우리들의 마음으로 비유하셨다.

하나님의 사랑은 어떤 특정한 사람에게만 주는 것이 아니라, 누구에게나 주신다는 말씀이 큰 위안이 된다. 우리 마음이 악해도, 우리가 어떻게 행동하며, 어떤 배경을 가지고, 어떤 집안에서 태어났던지, 하나님은 우리 모두에게 하나님의 사랑에 응답할 수 있는 동등한 기회를 주신다. 하나님은 공정하시고 너그러우신 분이다. 불행하게도 우리 인간들은 교회 안에서까지도 우리의 생김새나 집안 배경 등을 가지고 사람을 차별 대우한다. 하나님의 자녀된 우리들은 하나님의 너그러우신 사랑을 거저 받았으니, 우리도 이웃에게 공정히 베풀어야 하지 않을까?

기도: 너그러우신 하나님, 감사합니다. 우리가 잘해서 당신의 사랑을 받는 것이 아니라, 당신이 공의로우신 하나님이시기 때문임을 우리는 잘 압니다. 예수님을 통해서 보여주신 당신의 한량없는 사랑을 이웃과 나누게 하시옵소서. 예수님의 이름으로 기도합니다. 아멘.

Matthew 13:1-9
God's Extravagant Love to All

My father is a great gardener. Even though he lives in a rented apartment and does not own any piece of land, he has managed to do gardening. He cleared away shrubs in the backyard of the apartment building and planted a variety of vegetables. In his small garden, every inch of the land is well planned so that one kind of plant would not overshadow the other. Each seed is carefully sown according to the instructions on the packet. I presume this kind of careful planning is a common practice among most farmers and gardeners.

But in Jesus' parable of the Sower, we see a very different picture of a sower. This sower went out to the field and planted seeds all over, and they fell on all kinds of grounds, even on rocky grounds and among the thorns. This sower was a very generous sower. Jesus compared the sower's see to God's message and the different grounds to our human hearts.

It is very comforting for me to hear that God does not discriminate. However hardened our hearts may be, whatever looks we may have, and whatever kind of background we may come from, God gives all of us an equal chance to respond to God's love. God is a fair and generous God. Unfortunately, human beings, even those in the church, discriminate against persons by their looks and their backgrounds.

Jesus taught us God's generosity. As children of God, we all need to share with others the generous love we have received freely. Isn't it a fair deal?

Prayer: Thank you, O God, for being so generous with us. We know that we have received love from you not because we deserve it but because you are a just God. Help us do the same as you have done in Jesus, in whose name, we pray. Amen.

누가복음 9:23-27
제자된 자의 기쁨

청년부 성경공부 시간에 우리가 가장 걱정하는 것이 무엇인지에 대해 이야기를 나누게 되었다. 대부분이 어떻게 좋은 학교, 좋은 직장, 좋은 배우자를 얻을까에 대한 염려들을 하였다. 그런데 그중 한 청년이 하나님이 자기를 선교사로 부를까봐 두렵다고 하였다. 그렇게 되면 아프리카의 가난하고 외딴 마을에서 어려운 생활 속에 고생을 하며 지내게 될 것이 아니냐는 것이다. 다른 청년들이 모두 웃음보를 터뜨렸지만, 나는 오늘까지도 그 청년의 이야기가 종종 생각난다.

예수님을 따르려면 자신을 부인하고 십자가를 지고 따르라고 하셨다. 많은 사람들이 이것을 어려움을 당하는 것으로 해석한다. 물론, 예수님은 권력자들의 박해를 받는 고통을 당하셨다. 그렇지만 예수 믿는다는 것이 고통뿐이라면 누가 크리스챤이 되겠는가? 예수님의 제자가 되기로 선택할 때는 대단한 행복과 의미가 있다. 그 경험이 너무 소중하고 좋은 것이어서 고난을 당한다 해도 기쁨으로 이겨낼 수 있다. 이 기쁨을 경험한 사람만이 그리스도의 제자가 되는 것이 진정 무엇인지 알 수 있다.

하나님께서 우리에게 어떤 일을 맡기시려고 우리를 부르실 때 우리가 준비가 되어 있으면 기쁨으로 응답할 수 있지만, 준비가 안 되어 있을 때는 그 일이 두렵고 힘들게 느껴진다. 사랑의 사업은 억지로 할 수 없다. 오로지 사랑으로 부르심에 응답해야 하기 때문이다. 하나님의 부르심을 두려워할 이유가 없는 것은, 우리가 준비만 되어 있으면, 세상을 이미 다른 시각에서 보게 되기 때문이다. 불가능을 가능으로 보는 용기도 갖게 된다. 이것이 우리를 앞서간 성인들의 증언이다.

기도: 하나님, 당신의 부르심으로부터 도망치지 않게 하여 주시옵소서. 우리가 숨은 곳을 알아 내실까 두려워하는 마음을 버리게 하시옵소서. 당신을 사랑하고 이웃을 사랑하는 마음으로 참된 제자가 되도록 인도하여 주시옵소서. 예수님의 이름으로 기도합니다. 아멘.

Luke 9:23-27
Joy of Discipleship

Several years ago, in my Bible study class, we went around sharing what we were most afraid of. Many said they were afraid whether they would be accepted into good schools, get good jobs, and live up to the high expectations of their parents. But one man said he was afraid God might call him to be a missionary. He did not want to live in a poor, remote village in Africa, where life would only be suffering and hardship. Everybody laughed, but his answer makes me reflect on it even to this day.

Jesus taught his disciples that if anyone wants to follow him, he or she should deny himself or herself and take up the cross. Many understand this to mean that the discipleship of Christ is only one of hardship. It is true that Jesus suffered under the persecution of those in power. But who would want to be a Christian if it is only suffering? One chooses the life of discipleship because it brings great happiness and meaning. It is an experience so precious to the person that even hardship is endured with joy. Only those who have experienced it can tell what it means to be a disciple of Christ.

When God calls us to a certain mission, we will respond to it with joy if we are ready; and we will dread it in fear if we are not ready. We are not forced into love. God will let us see things from a different light when we are ready. God will also give us the courage we never knew was possible. Persons of God that have gone before us are witnesses to that story.

Prayer: Forgive us, O God, for running away from your calling. We are often afraid that you may find us in our hiding places. Help us learn the meaning of true discipleship that comes from love for you and for others. In Jesus's name. Amen.

마태복음 25:1-13
준비하는 사람

길다고 생각했던 여름 방학이 끝나 가고 있다. 방학 전에 계획했던 일들을 다 이루었는가? 못 이루었다 해도, 다가오는 시간과 닥쳐올 여러 가지 일들이 우리를 기다리고 있다. 백화점마다 "Back to School" 세일 광고가 나붙고, 새 학년에 들어서는 아이들 학교 보낼 준비에 바쁘다.

오늘 읽은 "열 처녀의 비유"는 예수님께서 말씀하신 유명한 비유 중에 하나다. 열 처녀 중 다섯 처녀는 언제 도착할지 모르는 신랑의 일행을 기다리기 위해 여분의 기름을 준비해 두었지만, 다른 다섯 처녀는 기름이 떨어지도록 있다가 기름이 떨어진 후에야 기름을 사러 나갔다가 늦어, 결국 혼인 잔치에 들어가지 못했다는 이야기이다. 예수님은 준비된 다섯 처녀를 슬기로운 사람이라고 했고, 준비 안된 다섯 처녀를 어리석은 사람이라고 하셨다.

슬기로운 사람은 준비를 잘 하는 사람이다. 준비가 잘 되어 있는 사람은 시간을 잘 쓰는 사람이다. "시간의 경제학"이란 말이 있다. 하루의 시간은 누구에게나 24시간으로 똑같이 주어졌다. 삶에 성공을 하는 사람은 시간의 귀중함을 아는 사람이다. 한 순간 한 순간이 모두 하나님께서 주신 소중한 시간이다. 이 시간을 나의 건강을 위해서 쓰기도 하고, 나의 지능을 위해서 쓰기도 하고, 나의 친구들과 사귀고 사랑하는 시간으로 쓰기도 하고, 가족과 함께 지내는 시간으로 쓰기도 한다. 다가올 새 학기의 시간을 위해, 치밀한 계획을 세우고 생각하면서 가을을 맞이하자.

기도: 하나님, 저희에게 소중한 시간을 주셔서 감사합니다. 저희의 삶이 하나님이 주신 시간을 낭비하지 않고, 세월을 아끼며, 슬기로운 다섯 처녀와 같이 항상 깨어 미리미리 준비하는 복된 삶이 되도록 지혜를 주시옵소서. 주님이 언제 오실지, 또 우리가 언제 주님을 뵈러 가게 될지는 아무도 모른다는 것을 깨닫게 하시어, 살아 있는 동안 하나님께서 주신 시간을 의미 있게 살도록 도와 주시옵소서. 매일 하루하루를 마지막 날을 살 듯 후회 없이, 슬기롭게 살아가도록 인도하여 주시옵소서. 예수님의 이름으로 기도합니다. 아멘.

Matthew 25:1-13
Are You Ready?

Summer holidays are coming to a close. It looked long when it started, but it's already over. Has it been a fruitful and memorable summer? It's time to move on. How ready are you for school? What kind of preparation are you making for this new adventure in your life? The shopping malls seem to be very well prepared; there are "Back to School" sales all over the place.

In today's reading from Matthew, Jesus told a parable about 10 bridesmaids who were waiting for the arrival of the bridegroom for the wedding banquets. They did not know when the groom would arrive. Five of the women were wise, for they prepared extra oil for their lamps, but the other five were not prepared. When the delayed groom had finally arrived, the unprepared women rushed out to buy oil for their lamps which had burnt out. When they came back from their shopping, the door to the wedding had already closed. They could not get in. They lost their chance. It was over.

Wise persons are those who are well prepared, and foolish ones are those who are unprepared, according to the message of Jesus. When you are well prepared, you can manage your time wisely. Everybody is given 24 hours a day. Those who succeed in life are those who know the value of time. Each and every moment is a precious gift from God. Ask God for guidance as you prepare for newness in your life.

Prayer: Help us, O God, to be ready for the task in front of us. Like the five wise women, we want to be prepared, but sometimes we do not even know what to prepare. Guide us in your wisdom so that we may live life fully, well prepared for our responsibilities in this world. In Jesus' name. Amen.

출애굽기 4:10-16
내가 너의 입이 되어 주겠다

어떤 조사에 따르면, 미국 사람들의 가장 큰 두려움은 관중 앞에서 말하는 것이라고 한다. 이런 두려움은 왜 생기는 것일까? 내가 맨 처음 강단에 서서 설교한 기억이 난다. 너무 떨려 무릎이 서로 마주 치는 것 같았고, 누가 내 목을 조르는 듯 목소리가 안 나왔다. 하나님의 좋은 소식을 전하는 데 왜 그렇게 떨렸을까?

하나님께서 모세를 불러 그의 백성들을 노예로부터 해방하라는 명령을 내렸을 때, 모세는 별 핑계를 다 대며 못하겠다고 하였다. 모세의 최후의 핑계는 "입이 둔하고 혀가 무디어서" 도대체 말을 할 줄 모른다고 했다. 그러자 하나님께서는 "내가 너의 입이 되어 주겠다"고 약속하신다. 모세가 말을 더듬어도 상관이 없었다. 하나님은 모세가 필요한 것은 무엇이든지 마련해 주셨다. 그 이후 모세가 이스라엘 백성을 인도하여 해방시키는 이야기를 우리는 잘 알고 있다. 오늘에 이르기까지 모세는 이스라엘의 가장 위대한 지도자로 기억되고 있다.

우리가 떨릴 때, 무엇이 우리를 떨게 하는가 스스로 물어야 한다. 준비를 제대로 안 해서인가? 내가 말할 내용에 자신이 없어서인가? 말씀을 전하기보다는 무대 연출을 하려고 하는 것은 아닌가? 누구에게 잘 보이려고 하는 숨은 동기가 있는 것은 아닌가? 능변이나 아름다운 음성이 사람들을 감동시키는 것이 아니다. 그런 것들이 없는 것보다는 낫지만, 오히려 방해가 될 수도 있다. 사람들의 마음을 움직이는 것은, 바로 말하려고 하는 메시지이다. 특히, 하나님의 말씀을 전할 때에는 하나님께서 우리의 입을 지켜 주신다고 약속하셨다.

기도: 하나님, 이 세상에서 당신의 말씀을 전할 수 있게 도와 주시옵소서. 우리의 말들이 당신의 백성을 해방하는 말들이 되게 하시고, 사랑하며 돌보며 생명을 주는 말이 되게 하시옵소서. 하나님께서 항상 저희의 입술을 지켜 주실 것을 믿으며, 예수님의 이름으로 기도합니다. 아멘.

Exodus 4:10-16
"I Will Be With Your Mouth"

A survey says that the number one fear of Americans is speaking in public. Where do you think this fear comes from? I remember when I stood at the pulpit to preach my first sermon. I was so nervous that I could almost hear my knees knocking. I also had to gasp for air as if someone was squeezing my throat. Why was I so nervous when I was delivering the Good News?

When God called Moses to deliver his people out of slavery, Moses gave all kinds of excuses. His final excuse was that he was not an eloquent speaker, slow of speech and of tongue. But God's answer to him was, "I will be with your mouth." For God, it did not matter whether Moses stuttered or not. God was going to provide everything he needed to deliver the suffering people out of Egypt. Till this day, Moses is remembered as the greatest leader in the history of Israel.

When we are nervous speaking in public, we need to ask what it is that is making us so nervous. Is it lack of preparation? Do I have confidence in my own material to deliver a convincing message? Am I trying to put on a performance rather than deliver a message? Or do I have a hidden agenda like impressing somebody? It is not eloquent speech or a beautiful voice that touches people. Those may help, but they can also hinder the message. It is the power of the message that is going to move people. God will be with you when you have Good News to deliver.

Prayer: Help us, O God, to speak your word in this world. And may our speech be to deliver your people to love, to care and to life. In Jesus' name. Amen.

요나 1:1-17
후회할 일이면 하지 말아라

우리 어머니가 몇 번이나 되풀이 해주신 옛날 이야기가 있다. 말 안 듣는 청개구리가 살았는데, 이 개구리는 어머니가 하라는 것은 모두 반대로 했다. 어머니가 공부하라고 하면 놀러 갔고, 서쪽으로 가라고 하면 동쪽으로 갔으며, 강으로 가라고 하면 산으로 갔다. 하루는 어머니가 병들어 돌아가시게 되었다. 어머니는 자기가 죽으면 어떻게 될 것인가 걱정이 되었다. 죽은 후 산에 묻히고 싶은데, 산에 묻으라고 하면 강가에 묻을 것이 아닌가. 그래서 어머니는 유언으로 꼭 강가에 묻어 달라고 했다. 청개구리는 자신이 한 일을 후회하고 어머니가 돌아가신 후 어머니의 소원대로 강가에 장사를 지냈다. 그런데 맑은 날에는 괜찮았지만, 비가 오는 날이면 어머니의 무덤이 비에 떠내려 갈까봐 걱정이 되었다. 뒤늦게 또 후회를 했지만 어쩔 수 없는 일이었다. 지금도 비가 오는 날이면 어김없이 청개구리는 어머니의 무덤이 걱정이 되어, 개굴개굴 울어댄다고 한다.

하나님께서는 요나를 불러 니느웨로 가라고 명령하셨는데, 요나는 말씀을 거역하고 도망쳐 다른 도시로 가 숨기로 했다. 그러자 하나님께서는 풍랑이 일게 하시고, 바다에 던져진 요나를 큰 물고기가 삼키게 하셨다. 그제서야 요나는 하나님께 도움을 청했다. 하나님으로부터 도망쳐 숨을 곳이 없는데도 요나는 여러 번 도망을 시도했고, 그럴 때마다 고생만 하고 또 하나님의 구원을 청했다.

우리는 때로 잘못된 길을 가고 싶을 때가 있다. 몰라서 그런 것이 아니라 의도적으로 하나님으로부터 도망친다. 정의로운 일을 피하고 남에게 상처를 준다. 그러나 기억해야 할 것은, 그 해가 결국 나에게 돌아와 나에게 해가 된다는 것이다. 후회되는 일은 오랫동안 나를 괴롭히기 때문이다. 후회할 일은 하지 않도록 해야 하겠다.

기도: 하나님, 저희들이 당신과 당신의 길로부터 멀어지지 않게 하시옵소서. 하나님께서 가라 하신 길이 너무 힘들다고, 저희 십자가가 몹시 버겁다고 투정하지 않게 하시고, 저희 생각으로만 결정하여 힘들게 제자리로 돌아오는 일이 없게 하시옵소서. 오로지 하나님만 따르는 길이 최상의 길이며, 진리의 길임을 잊지 않게 하시옵소서. 예수님의 이름으로 기도합니다. 아멘.

Jonah 1:1-17
Do Not Do Anything That You Will Later Regret

There is a story my mother told me more than once when I was growing up. Once upon a time, there lived a naughty child frog. He was determined to be bad and do the opposite of what his mother told him to do. One day the mother got sick and was near death. She worried what the child frog would do after she died. She wanted to be buried in the mountain. So, as her death wish, she told him to bury her by the river, knowing he would do the opposite. When she died, he realized how badly he had been to his mother. He deeply regreted his unruly behavior. And as a sign of his repentance, he decided to honor his mother's wish. He buried her by the river. But whenever it rained, the river flooded, washing away everything around it. This is why the frog cries whenever there is a heavy rain, for his mother's grave is washed away.

God called Jonah to go to Nineveh, but instead he boarded a ship to run away from God. But after a storm, he ended up spending time in the belly of a fish. From there he cried out to God to save him. There wasn't a place he could hide from God, yet he tried several times. Everytime he tried it, he got into trouble, and he had to get God's help.

What is it that keeps us going the wrong direction? It doesn't seem to come just out of ignorance. We run away from God intentionally at times. When we try to avoid goodness and hurt others, it will eventually come around to hurt us. Regret hurts us for a long time. Let's be on guard so that we will not do things that we will regret later.

Prayer: Strengthen our spirits, O God, so that we will not run away from you and your ways. Help us so that we will not live a life filled with regrets. In Jesus' name, we pray. Amen.

열왕기상 19:11-14
영원한 고요함 속에 계시는 하나님

친구와 함께 커다란 나무 밑에 누워 시원한 그늘을 즐기고 있었다. 나뭇잎 사이로 뿌리는 햇살이 우리가 누워 있는 담요에 여러 가지 모양의 무늬를 만들었다. 그런가 하면 위로 바라보이는 경치는 하늘을 배경으로 잎사귀의 멋있는 모자이크를 만들고 있었다. 나무 밑에서 바라보는 세상은 너무 다른 시각의 세상이었다. "나뭇잎이 하늘을 배경으로 한 모습이 왜 아름답게 보이는 줄 아니?" 친구가 물었다. 그리고는 "그건 나뭇잎 사이의 공간 때문이야"라고 가르쳐 주었다.

나뭇잎 사이에 공간이 없으면 햇빛이 들어올 수 없었으리라. 잎의 윤곽을 볼 수도 없었을 것이다. 아마 잎의 뭉치만 있다면, 잎들은 나뭇가지를 덮은 담요 같았을 것이다. 작은 공간들이 잎사귀 사이사이에 있기 때문에, 잎의 윤곽이 진하게 혹은 옅게 드러나, 마치 한 폭의 그림같이 아름다운 것이리라. 그 작은 공간들은 이름도 없고, 그 자체가 어떤 물체도 아니지만, 아름다움을 창조하는 데 중요한 역할을 하고 있었다.

생의 많은 중요한 것들이 눈에 잘 띄지 않는, 사소한 곳에 있다. 선지자 엘리야는 어느 날 자기를 해치려는 원수들을 피해서 애타게 하나님을 찾고 있었다. 하나님이 지나다니시는 산 위에 올라가 보라는 말을 듣고 산 위에 올라가서 열심히 기다렸다. 심한 폭풍이 불었는데 하나님은 거기 계시지 않았다. 지진과 큰불이 일었는데도 하나님은 그 안에 안 계셨다. 그리고 숨 죽이는 고요함이 있었다. 그 고요함 속에서 엘리야는 비로소 하나님의 음성을 듣게 되었다. 우리 모두도 삶의 고요함 속에서 하나님의 음성을 듣기를 바란다.

기도: 하나님, 우리 삶의 모진 바람과 폭풍과 지진의 소음 속에서도 마음에 고요히 들리는 당신의 음성을 듣게 하시옵소서. 당신 앞에서는 사소한 것들도 귀중하다는 것을 깨닫게 하시옵소서. 사소한 일에도 관심을 펴시고 보살피시는 예수님의 이름으로 기도합니다. 아멘.

I Kings 19:11-14
Finding God in Silence

On a picnic day, my friend and I laid down beneath a huge tree enjoying the shade of its many leaves. Light streaming through the leaves created many interesting designs on our blanket. The contours of each leaf also made a distinctive design against the blue sky. Lying down, looking at a tree brought a totally different perspective of the world. I felt like I was right in the middle of a huge mosaic made of branches, leaves and sky. My friend turned to me and said, "Do you know what makes the leaves look so beautiful against the sky? It is all the space in between the leaves."

If it weren't for the space in between the leaves, there would be no light streaming in. The lines of the edges of the leaves could not be seen. The big lump of leaves would look like a blanket covering the branches. The little spots of space in between bring clarity to the leaves. Those little spots of space do not have names and they are not objects in and of themselves, but they play a significant role in making the tree and the sky look beautiful.

Often times, important things in life are mundane and unidentifiable. One day, Elijah, a prophet of the Lord, was seeking God desperately because his enemy was after him to kill him. He was told to stand on the mountain because God was about to pass by. Elijah went and waited. A great wind passed, but the Lord was not there. An earthquake and then a fire came, but the Lord was not there. Then came sheer silence. And in that silence, Elijah heard God's voice.

Prayer: Help us, O God, to observe all the space in between our big projects in life. In those silent spaces, help us to hear Your voice. In Jesus' name. Amen.

레위기 19:9
추석날—한민족의 감사절

추석날은 밝고 둥근 8월의 보름달이 가을 하늘에 높이 떠오를 때 마을 사람들이 그 해의 풍년을 기뻐하고 감사하는 축제의 날이다. 그 해 첫 열매와 햇곡식으로 밥을 하고 떡을 쳐서 잔치를 벌이며, 하늘과 조상에게 풍년을 감사하는 예배를 드린다. 추석에는 조상의 묘를 찾아가서 성묘하고 벌초하면서 무덤 앞에 상을 차리고, 온 식구가 한자리에 모여 앉아 음식을 나누면서 돌아가신 조상에게 감사하며 집안 이야기로 꽃을 피운다. 추석에는 도시로 나가서 일하던 사람들이 고향집과 농토로 찾아온다. 추석은 가족의 날이고, 조상의 날이고, 감사하는 한국 고유의 감사절이다.

미국에서 이민생활을 하는 사람들은 한국 식품점에 가야 추석날을 피부로 느낀다. 어떤 때는 아득한 옛날 한국의 시골 고향 생각도 나고, 부모님과 조부모님들의 산소 생각이 떠오른다. 그러나 미국에선 성묘를 할 기회가 없어, 자손들에게 추석의 의미를 전달하기가 쉽지 않다. 이북 땅에 묻힌 조상들을 생각하는 사람도 많다. 임진각에서 북녘 땅을 바라보며 추석을 지내던 동포들의 모습이 생각난다. 그들은 살아 생전에 고향으로 돌아가 성묘할 수 있을까?

추석을 맞이하면서 한국의 풍습과 전통을 깊이 생각해보게 된다. 문화적으로 이질감을 느끼는 2세대 자녀들에게 추석을 어떻게 이야기 해줄까 고민도 된다. 오늘 말씀에서 하나님께서는 추수 때 이스라엘 백성이 지켜야 할 일을 가르쳐 주셨다. 곡식을 거두어 드릴 때 밭에 떨어진 이삭을 남겨 두어 가난한 자들과 이방인들이 먹고 살 수 있도록 하신 것이다. 하나님의 사랑은 이렇게 세심하시고 자비로우셨다. 추석 때마다 우리도 하나님의 세심한 사랑을, 우리의 전통을 통해 깊이 느낄 수 있기를 빈다.

기도: 하나님, 저희에게 추억할 수 있는 고향을 주시고, 감사할 수 있는 명절을 주시니 감사합니다. 해마다 저희의 가정과 학교, 사업에 함께 하여 주시니 그 또한 감사를 드립니다. 우리 자녀들에게 한민족의 값진 전통과 문화의 뿌리를 심어 주고 기리는 일에 게을리 하지 않게 도와 주시옵소서. 하나님의 세심한 사랑과 자비를 기다리는 모든 이들에게 하나님의 축복이 넘치길 바라며, 예수님의 이름으로 기도합니다. 아멘.

Leviticus 19:9
Harvest Full Moon Festival

Harvest is a very special time when the labors of our farmers and the produce of the land come to fruition. During autumn, we enjoy the ripened colors of fruits in the orchards and of pumpkins and crops in the fields. It is another miracle of God.

In the United States, we don't often look into the lunar calendar, but it is a calendar of many cultures and traditions. Many of the Korean traditional holidays are celebrated according to the lunar calendar. Choo-Suk, which always falls sometime in September on the solar calendar, is a day of thanksgiving for the harvest. Under the brightness of the full moon, village people celebrate the fruits of their labor through many exciting games and dances. As families give thanks to the earth, they also give thanks to their ancestors who blessed them with their land. Many visit the graves of their deceased parents to pay their respects. It is a family time of joyous gathering.

As Korean-Americans, we may be far away from the land of our ancestors, but many families celebrate this day by enjoying Korean food special to this day. Even though we may not fully understand the traditions of our parents, we take pride in such a rich cultural heritage. By appreciating our tradition, we appreciate who we are in this multicultural society. In time of abundant blessing, we also remember those who weep and who are in sorrow: those who left their families in North Korea, those whose harvest is not plenty and those who do not have enough. We remember them in our prayers.

Prayer: Thank you, O God, for the cultural traditions of our past. We participate in the diversity of this world through our cultural contributions. We thank you for the fullness of the moon and of food. May it be plenty for all to share. In Jesus' name. Amen.

창세기 1:1-5
개천절의 의미를 생각하며

거의 모든 민족에게는 그 민족이 어떻게 생겨났는지에 대한 건국 설화가 있다. 개천절은 한국이 4천여 년 전에 건국된 것을 기념하는 날이다. 개천(開天)은 하늘의 문이 열린 날이라는 뜻이다. 하늘에서 단군이라는 태양신이 하늘의 문을 열고 이 세상에 내려와 나라를 이룩했다는 단군신화는 한민족의 기원을 설명한다. 역사적인 기록이나 물적 증거가 없으므로 전설처럼 전해 내려오는 이야기를, 서기 1000년경 *삼국사기* 라는 책에 일연(一然)이라는 역사가가 처음 기록했다. 개천절의 이야기가 역사적 사실이 아니더라도, 그 이야기의 뜻은 한민족의 근거가 하늘에 있다는 것을 말해 준다.

개천절과 단군의 이야기, 그리고 한민족의 근원을 생각하면서 창세기에 기록된 하나님의 천지 창조와 인간 창조를 명상하게 된다. 창세기의 천지 창조가 역사적인 사실이냐 아니냐가 중요한 것이 아니라, 이 세상은 하나님의 피조물이고 우리 인간은 모두 하나님이 지으신 귀한 존재라는 것을 가르쳐 준다. 오늘날 과학의 발달로, 그 동안 신비에 싸여 있던 우주에 대해 많이 배우고 있지만, 과학자들조차도 인간이 깊이 탐험을 하면 할수록 우리가 감히 상상할 수도 없이 방대하다는 것을 깨닫는다고 고백한다. 우주의 세계는 인간에게 영원한 신비의 세계일 것이다. 창세기의 천지 창조 이야기는 우주와 지구와 인간의 궁극적인 근원이 하나님이라는 것을 알려 준다. 하나님이 우리를 사랑으로 창조하셨다고 믿는 사람의 삶과, 우리가 우연히 세상에 떨어졌다고 생각하는 사람의 삶에는 큰 차이가 있는 것이다.

기도: 생명의 근원 되시는 하나님, 이 우주와 우리의 생명이 하나님께로부터 왔다는 것을 기억하게 하시옵소서. 당신의 사랑으로 만들어진 우리들이 당신의 뜻에 따라 살게 하시며, 삶을 가볍게 여기거나 쉽게 여기지 않게 하시옵소서. 예수님의 이름으로 기도합니다. 아멘.

Genesis 1:1-5
God Created the Universe in Love

In all countries and cultures, there is a mythical story of how the people came to be. These stories were handed down through oral traditions before the time of written history. The day celebrating the founding of Korea is called Kae-Chun-Jul, which falls on October 3. Kae-Chun-Chul literally means, "the day sky opened." A heavenly being named Dan-Gun opened the gate of the sky and came down to the earth to found Korea. Even though it's a myth, its meaning holds importance for the people as it tells that Korea was founded according to the will of the heavens.

The creation story of Genesis tries to answer some of our questions regarding the origins of the universe. In recent decades, we have come to learn more about the origins of the earth and the solar system. Still, we have a long way to go; and probably, we will never have all the answers. In exploring the outer space, we discover more of what we do not know.

The creation story in Genesis teaches us that the universe and human beings were created in God's love. Believing that each one of us is created in God's love, is called "faith." Genesis' creation story is not to be compared with today's science, for that was not the purpose of the Bible. There is a big difference in the quality of life between people who believe that they were created in God's love, and people who think that they were just another random happening on earth. Faith creates a special attitude about life. It is up to each one of us to believe it or not to believe it.

Prayer: Thank you, O God, for creating us in your special love. The more we learn about the universe, the more we come to praise and appreciate your great power in creation. Guide us through our life's journey according to your will. In Jesus' name, we pray. Amen.

창세기 11:1-9
말과 글과 한글날

많은 2세들이 한국말을 배우려고 애를 쓴다. 한국에 가서 배우는 학생들도 많아졌다. 이들이 하나 같이 이야기하는 것은 한국말이 어렵다는 것이다. 쓰지 않는 언어를 억지로 배우기 때문일 것이다. 그러나 한글이 만들어진 역사를 보면, 한글을 창조하게 된 동기는 민중을 위해 쉬운 언어를 만들기 위해서였다. 15세기까지 조선 사람들이 사용한 글이란 한자밖에 없었다. 한자는 배우기 어려운 글자여서, 중국에서도 학자들이 아닌 보통 사람들은 글을 쓰고 읽지 못했다. 한국말을 중국말로 쓰고 읽는다는 것은 어려운 일이었다. 그리고 문자와 글이 없을 때는 문화적으로 남에게 종속될 수밖에 없다. 그래서 조선 시대의 세종대왕이 당대의 학자들을 초빙하여 한글을 고안해 낸 것이다. 한국 사람들의 아름다운 말과 음률을 충분히 표현할 수 있는 훌륭한 소리글자를 만들어 펴낸 것이다.

선교사들이 한국에 나가 선교 활동을 시작했을 때, 성경을 번역하는 일 먼저 착수하였다. 한자를 사용하지 않고 순 한글로 번역하고 출판하였다. 상류계층 사람들이 아니라 평민들과 농민들, 그리고 부녀자들이 쉽게 접할 수 있어야 한다는 생각에서였다. 아주 지혜로운 생각이었다. 일제가 한글을 말살하려고 한 시대에, 성경을 한글로 보급한 것은 일제 하에서 한국말과 글을 보전하는 데 중요한 역할을 한 것이다. 이러한 기독교의 역사는 한국의 문맹퇴치에도 큰 공헌을 하였다.

말과 글은 인간의 정체성과 사상과 감정을 담는 그릇이다. 시편 기자들이 언어를 통해 하나님을 찬양하며 그들의 신앙을 노래했듯이, 우리도 우리의 아름답고 쉬운 언어를 통해 하나님을 찬양해야겠다.

기도: 하나님, 한국 사람들에게 한글을 주신 것 감사합니다. 특별히 선교사들을 통해 한글로 성경을 읽게 하여 주신 것 감사드립니다. 미국에 살면서도 우리의 말과 글을 잊지 않도록 노력하게 하시옵소서. 저희들의 아름다운 말과 글을 갈고 닦아서 당신의 아름다운 말씀을 전할 수 있게 인도하여 주시옵소서. 예수님의 이름으로 기도합니다. 아멘.

Psalm 19:1-4
Power of One's Own Language

Many Korean-Americans struggle to learn the Korean language. Those in big cities have the privilege of going to weekend schools that teach Korean. Some have chosen to go to Korea to take intensive language courses. Many who learn the Korean language say it is difficult to learn. But, believe it or not, the Korean language was intentionally created so that common people may learn to read and write.

Before the creation of Korean writing in the 15th century, Koreans had only Chinese characters for writing. Chinese was a difficult language, only known to a few intellectuals. Having no language of one's own means that one is dominated by another culture. During the colonization of Korea, the Japanese tried to wipe out Korean culture by prohibiting the use of Korean language. For the sake of his own people, a king named Sejong, called scholars of his time to create *Hangeul*, the Korean writing. It is simple because it is phonetic, and it is an ingenious creation of science.

Most of the books at that time were either in Chinese or were mixed with Chinese. When Christian missionaries came to Korea, the first thing they did was to translate the Bible into Korean, the language of the commoners. This enabled common people to learn and read the Bible while also learning the Korean language. The Korean Bible played an important role in awakening the Korean people from illiteracy. Language is the identity of the people, culturally and spiritually. As the psalmist did, it is in this simple language Koreans also lift our praises to God to the ends of the earth.

Prayer: We give you thanks, O God, for our Korean language. It sustained us as a people throughout the ages, through thick and thin of life. May we treasure our heritage as a gift from you. In Jesus' name. Amen.

시편 111편
하나님의 색채 감각

매일 아침 옷을 입을 때 색깔을 잘 조화시켜 입는가? 옷을 멋있게 입는 비결 중에 하나는 옷 색깔을 잘 조화시켜 입는 것이다. 아무리 멋있는 옷이라도 색깔이 잘 조화가 안 되면 멋이 안 난다. 피부 색깔에 맞는 색, 체형에 맞는 색, 어울리는 색의 악세사리, 그리고 방 분위기도 색을 맞추면 아름다움을 창조하여 삶의 즐거움에 보탬이 된다. 조화가 잘 이루어질 때 우리는 "자연스럽다"고 칭찬한다.

일년의 사계절 중, 가을이 가장 아름다운 계절이 아닌가 생각한다. 가을이야말로 자연 세계가 패션 쇼를 하는 것 같이 다채롭고 아름답기 때문이다. 마치 산불이라도 난 것처럼 나뭇잎사귀들이 노랗고 붉게 정열적으로 타오른다. 노랗게 물든 잎에 붉은 색 넝쿨이 휘감고 있는 것을 보면 찬란한 악세사리를 하고 있는 것처럼 보인다. 호숫가의 단풍들은 유난히도 맑고 빛나는 색깔을 자랑한다. 특히 단풍나무들이 호수 위에 비치는 것을 보고 있노라면, 어디가 물이고 어디가 하늘인지 분간이 안 되는 한 폭의 그림 같다.

나는 자연으로부터 색채 조화를 배운다. 붉은 색이 녹색과 어울리고, 노란 색이 보라색과 조화되고, 파란색이 오렌지색과 만나는 원색들의 조화는 놀라운 것이다. 같은 색깔의 여러 가지 명암의 아름다움도 즐기는데, 새벽 서광과 저녁 노을의 하늘 빛깔은 같은 듯 하면서도 다른 매력이 있다. 내가 배색한 색깔은 서로 잘 어울리지 않는 경우도 많다. 그런데 자연에서는 서로 맞지 않는 색깔이 없다는 것이 너무 신기하다. 누구의 조화일까? 하나님이 지으신 세계, 꽃과 나무, 하늘과 동물들, 새들과 인간들—그 안에는 완전한 색채 조화가 되어 있다. 하나님이 꾸미신 조화가 어련하랴!

기도: 하나님, 당신께서 지으신 다양한 색깔들을 찬양합니다. 당신의 세계는 진실로 오묘하고 아름답습니다. 하나님께서 선물로 주신 자연의 색채, 인간의 피부 색깔을 우리 마음대로 정죄하지 않도록 도와 주시옵소서. 당신의 창조는 모든 것이 협력하여 선을 이루고, 조화를 이룬다는 것을 깨닫게 하시옵소서. 예수님의 이름으로 기도합니다. 아멘.

Psalm 111
Color Coordination of God

Are you good at coordinating what you wear every day? One of the most important aspects of coordination in dressing is colors. However stylish your clothing may be, if the colors are not coordinated, it just doesn't cut it in fashion. Knowing what the right colors are for your skin, your weight, your accessories or your room will really enhance beauty and comfort in your life. When something looks "just right," we say it looks "natural."

For those of us who live in a geographical area with four seasons, fall is one of the most beautiful times when nature puts on an incredible fashion show. Leaves turning orange and yellow look like they are on fire. The crimson red colors of certain ivy plants climbing up yellow trees look like perfect accessories. Trees around lakes take on clearer and brighter colors, and when they reflect their colors on to the water at sunset, it's hard to tell where the trees meet the water and where the water meets the sky.

I try to learn color coordination from nature. There is beauty in the striking contrast of colors beauty in using different shades of the same color, like what we see at dawn or at sunset. But there are certain color combinations that just do not look good together. However, in nature, there is nothing that looks "unnatural" when it comes to color coordination. Guess who put them together? In the handiwork of God, all colors are perfectly coordinated in flowers, trees, skies, animals, birds and human beings. We praise God for all God's colors.

Prayer: God the Creator, what an awesome wonder is your work of colors! All of your colors are gifts to us. May we appreciate the colors you have given us and not discriminate your work with our own judgment. In Jesus name, we pray. Amen.

마태복음 5:1-10
유엔(UN)과 평화

10월 24일은 UN의 날이다. 1945년 제2차 세계대전이 끝나자 창설된 국제 연합(United Nations)의 헌장은 이렇게 시작한다. "우리〔온 세계의〕국민들은 우리 생애에 두 번이나 발생하여 인류에게 말할 수 없는 슬픔을 가져다 준 전쟁의 재난으로부터 다음 세대를 보호하기로 결단하였다."

"평화"란 단순히 전쟁이 없는 상태만을 말하는 것이 아니다. 유엔 헌장에서의 평화란, 인간의 복지와 인권이 보장되는 삶의 질을 말하고 있다. "인간의 기본권과 인간의 존엄과 가치, 여성과 남성의 동등성과, 크고 작은 나라의 동등성에 대한 우리의 믿음을 재확인"하며 이의 실현을 위하여 일하는 것이 유엔의 창립 목적이다. 최근에는 지구 환경 보호를 위해서 온 세계가 노력을 기울여야 한다는 "리오 환경 정상회담"을 개최하였고, 1995년에는 중국 북경에서 세계 여성의 복지 향상을 위한 "여성 대회"를 개최하는 등 인간 평등과 삶의 질의 향상을 위한 노력을 기울여 오고 있다. 비록 국가간의 문화적, 정치적 갈등으로 어려움이 많이 있지만, 유엔은 인간이 염원하는 평화의 상징이며 우리의 기도와 협력이 많이 필요한 기관이다.

예수님은 산상 설교에서 "평화를 이루는 사람은 행복하다"고 가르치셨다. 평화와 인간의 행복은 같이 가는 것이다. 개인과 개인 사이, 한 가족 구성원 사이, 한 사회 안의 구성원들 사이, 그리고 나라와 나라 사이에 평화가 없으면 행복이란 생각할 수 없다. 우리는 나 한 사람, 내 가족만의 이익을 추구하다가 이웃과의 평화를 파괴하게 될 때가 많다. 이웃의 인간으로서의 권리를 존중하고 인정하면서, 가정생활과 사회생활을 영위하는 노력을 하는 것이 바로 평화를 추구하는 것이다.

기도: 주님, 저희들을 평화의 도구로 삼아 주시옵소서. 노여움이 있는 곳에 사랑을, 억울함이 있는 곳에 정의를, 불평등이 있는 곳에 평등을, 싸움이 있는 곳에 화해를 가져오는, 평화의 사도로 써 주시옵소서. 유엔을 통하여 하나님의 뜻이 이룩되게 하시옵소서. 예수님의 이름으로 기도합니다. 아멘.

Matthew 5:1-10
Blessed are the Peacemakers

What do you do when you get into a fight or an argument? Usually, in those situations, I like to have a third person tell everyone that I was right and the other person was wrong. We often rely on a third party to bring closure to the fight. This is more true if I am in a powerless position. Often times, the powerful ones like to show off their power by abusing others. Then, I need the help of the law to seek justice on my behalf.

Unfortunately, this fighting continues on a bigger scale, called war, all around the world. Millions have died during the war in Korea alone. Can there be peace before the war comes to a full-blown scale? Jesus said, "Blessed are the peacemakers, for they will be called children of God." Aren't we children of God? So, what do we do when nations fight other nations?

Fortunately, we have an organization called the United Nations that was created at the end of World War II in 1945. October 24 is observed as United Nations Day. United Nations is an organization of the peoples. It was not formed of governments but of people. There are many difficulties working through different nations and their interests, but it is a strong symbol of human beings coming together to strive for peace and justice in this world. We have to work together, however hard and challenging it may be. May God bless our efforts to become faithful children of God.

Prayer: We human beings are often driven by self-interest and greed. Yet, we also trust in the power of God working through us, for we were created in the image of God. As the world suffers from war and the aftermath of war, O God, we earnestly repent of our sins of injustice. Help us to become peacemakers so that we can be called Your children. In Jesus' name. Amen.

마가복음 8:11-26
하나님의 표적

"당신은 신앙생활을 위해 어떠한 표적이나 증거가 필요합니까?" 하는 것이 오늘 아침 기도회에서 받은 질문이었다. 이 질문을 깊이 생각하고 있는데, 넉 달 된 벤쟈민이 울기 시작해 조용함을 깨뜨렸다. 나는 그 아기를 바라보다가 갑자기 하나님의 기적을 보았다. 나는 벤쟈민 엄마의 결혼식에도 참석했고, 임신의 과정도 지켜보았으며, 벤쟈민이 태어나는 것도 보았다. 아기의 울음소리는 너무 평범한 것이지만, 한편 그렇게 신비로울 수가 없다. 과학의 발달로 인간의 능력은 무한대처럼 보인다. 인형을 만들어 울게도 하고 웃게도 한다. 그러나 그 인형은 자라나지 못할 뿐더러 느낌도 없으니, 그것이 과학의 한계일 것이다.

사람들은 항상 하나님이 계시다는 표적을 보고 싶어한다. 기적을 보여준다는 사람이 있으면 좋아 다닌다. 예수님 시대에도 바리새파 사람들은 예수님을 시험해 보려고 하늘의 표적을 요구했으나, 예수님은 믿음이 없는 저들을 보고 한숨 지으면서 떠나 버리셨다. 나중에 예수님은 제자들을 향해서, "아직도 보지 못하느냐? 그렇게도 마음이 굳어 버렸느냐? 눈이 있는데 왜 보지 못하느냐? 귀가 있는데도 왜 듣지 못하느냐?" 야단치셨다.

하나님의 표적은 우리 주위에 얼마든지 있는데, 우리 마음이 굳어져 보지도 듣지도 못하고 있다. 갓난아기의 울음소리는 시끄럽고 귀찮기도 하지만, 그것은 생명의 소리이며 하나님의 기적의 소리이다. 쏟아지는 비는 소풍 계획을 망치지만, 땅의 목마름과 곡식을 위해서 귀한 생명줄이 된다. 우리의 마음이 열려 있으면, 우리는 언제 어디서나 하나님의 현존을 보고 들으며, 하나님의 표적을 경험하게 될 것이다.

기도: 감사하신 하나님, 당신은 우리 곁에 사랑으로 계십니다. 그런데도 보지 못하고, 듣지 못하고, 특별한 표적만을 요구하고 있는 저희들을 용서하시옵소서. 저희 마음 문을 여시어, 저희들 삶 속에서 당신의 현존을 보게 하시옵소서. 주님의 이름으로 기도합니다. 아멘.

Mark 8:11-26
Signs of God

"What kind of signs and tangible proof do you need to sustain your faith?" was the question given to us during our morning devotion at work. As I was deep in my own thoughts, Benjamin, a four-month-old baby started crying. He disrupted our quiet time. He called my attention to him, and suddenly I saw God's miracle in this new life. I witnessed his mother's wedding, her pregnancy and his birth. And now he is growing each day. A baby—so mundane yet so awesome. With the development of computer technology, nothing seems impossible to human invention. They can make toys that can cry and laugh, yet they don't grow up like babies. They don't feel like humans do. Life is such a mystery and a miracle.

People always hunger for signs of God. Some people even blindly follow other human beings that are known to perform miracles. During the time of Jesus, the pharisees asked him for a sign from heaven. Jesus sighed deeply at their lack of faith and left them. Later he challenged his disciples: Do you still not perceive? Are your hearts hardened? Do you have eyes and fail to see? Do you have ears and fail to hear?

How true it is that signs of God are all around us yet we don't see them or hear them because our hearts are hardened. The cry of a baby may sound like a nuisance and cumbersome, yet it is the sound of life—God's miracle. Pouring rain may irritate us when we have planned an outing, yet it is the source and lifeline for the growth of the earth. Is there ever a time and place where signs of God's presence are absent?

Prayer: We thank you, O God, for your ever-loving presence in our lives. We confess that we often do not see you, searching for signs elsewhere. Help our unbelief and melt our hardened hearts so that we may see your presence all the days of our lives. In Jesus' name. Amen.

요한복음 14:1-7
길 찾기와 길잡이

이른 아침에 공항에 가는 버스를 타려고 버스 터미널에 나갔다. 도착해서 보니 버스 터미널이 공사중이라서 많이 달라져 있었다. 버스 표 파는 곳도 없었고, 길도 노란 테이프로 여기저기 막아 놓았다. 사람들에게 물어물어 여기저기 헤매다 겨우 내가 탈 버스의 출입구에 왔는데, 그 곳에는 아무 표시가 없었다. 버스가 언제 오는지, 어디로 가는지, 값은 얼마인지, 마땅히 써 있어야 할 정보들이 없으니 불안했다. 출입구에 모여든 다른 사람들도, 서로 제대로 찾아 왔는지 물어 보며 확인을 했다.

예수님의 제자들은 예수님이 곧 그들을 떠나가신다는 말을 듣고 당황하며 불안해했다. 예수님이 무슨 말씀을 하시는지 영문을 알 수 없었다. 그러나 예수님은 "내가 곧 길이요 진리요 생명이다"(14:6)라고 하시며 "나를 믿는 사람은 내가 하는 일을 할 것이요, 그보다 더 큰 일도 할 것이다"(14:12)라고 말씀하셨다. 예수님의 제자된 사람들이 마땅히 무엇을 해야 하는지를 분명히 말씀하신 것이다. 길이요 진리요 생명이신 예수님을 믿는다면, 당황하거나 두려워하지 말고 예수님이 하신 대로 따르라는 것이다.

그런데 아직도 많은 사람들이 어디로 가야 할지 갈피를 못 잡고 방황하고 있다. 왜 그럴까? 혹시, 모르는 데도 길을 물어 갈 생각이 없는 것은 아닐까? 어떤 사람들은 거리에서 헤매며 시간과 휘발유를 낭비하면서도 길을 묻지 않으려 한다. 스스로 꼭 찾을 수 있다고 생각하는 것이다. 어떤 사람들은 어디로 가야 할지 그 목적지는 알고 있는데, 지금 자기가 어디에 있는지 그 위치가 분명하지 않아서 방향을 잡지 못한다. 그런 사람은 약도도 도움이 안 된다.

당신은 지금 어디에 있는지, 또 어디로 가고 있는지, 그리고 어떻게 갈 수 있는지 알고 있는가?

기도: 길이요, 진리요, 생명 되시는 주님, 저희들이 갈 길을 보여주시니 감사합니다. 두려움을 버리고 오직 주님만을 믿으며, 당신이 제시하신 길을 똑바로 바라보고 가게 하시옵소서. 옳은 길을 가게 하시옵소서. 예수님의 이름으로 기도합니다. 아멘.

John 14:1-7
Finding Our Way

One early morning, I went to the bus terminal to go to the airport. When I got there, I found out that they had changed things around. The ticket counter was not where it used to be, and there were yellow tapes blocking the pathways. I asked the staff persons where I should go, but wherever I went, I was in the wrong place. When I finally got to the correct gate, there were no signs whatsoever of when the bus was coming, where the bus was going and how much it was. Everyone who came to the gate asked each other whether they were in the right place. We were all frustrated, lost and worried that we might be in the wrong place after all that scurrying around.

Disciples of Jesus were really worried when Jesus said he was leaving them. They did not know exactly what he was talking about. But Jesus said, "I am the way, and the truth, and the life." And he continued, "The one who believes in me will also do the works that I do." Jesus left clear signs for his disciples to follow.

But somehow, many people are still lost wondering where they should go. Why is that so? Some people just choose to wonder around wasting time rather than ask questions. They think that they can find it on their own. Some people know where they need to go, but they do not know where they are to figure out the way to get there. Do you know where you are going and the way to get there?

Prayer: O God, thank you for showing us the way by being the way, the truth and the life. May we follow the clear signs of your way. In the name of Jesus. Amen.

누가복음 10:29-37
좋은 이웃과 하늘 나라

유대교 랍비가 있었는데 천당과 지옥이 어떤 곳인지 몹시 가보고 싶어했다. 소원이 이루어져 먼저 지옥부터 가 보게 되었다. 거기에는 허기진 불쌍한 사람들이 커다란 죽 항아리를 가운데 놓고 둘러앉아 있는데, 각자의 손에는 아주 긴 숟가락을 들고 있었다. 숟가락이 너무 길어, 죽을 담아 입으로 가져올 수 없어 굶고 있었던 것이다. 다음으로 하늘 나라에 가 보았다. 커다란 죽 항아리를 가운데 놓고, 긴 숟가락을 들고 둘러앉아 있는 것은 지옥과 마찬가지였는데, 여기 사람들은 모두 잘 먹고 행복해 보였다. 하늘 나라에서는 사람들이 그 긴 숟가락으로 서로를 먹여 주고 있었기 때문이다.

우리는 자신만 알고, 자기 중심적이며, 이기적이어서 나만 먹으려고 애쓰는 나머지, 내 자신과 내 주위의 사람들이 어떤 관계에 있는지 전체적인 그림을 보지 못할 때가 많다. 우리의 삶 가운데 다른 사람이 들어올 자리가 없으면 나는 외롭고, 당연히 정서적으로 배고프고 공허한 삶을 살게 된다.

하늘 나라의 행복이란 우리가 이웃을 위해 우리의 삶의 방향을 돌릴 때 생기는 것이다. 남을 향한 삶이란 그들을 간섭하거나 지배하려는 것이 아니라, 그들이 스스로 자라나고 성숙하도록 돌보아 주는 것이다. 이웃을 향한다는 것은 또한 이웃에 의해 도움을 받도록 나의 입을 여는 것이다. 이러한 상호관계 속에서만 우리는 서로를 신뢰하게 된다. 이것이 바로 "하늘에서 이루어진 것 같이 땅에서도 이루어지게 하소서"라는 기도가 되는 것이다. 하늘 나라는 선한 사마리아 사람과 같은 사람들이 모인 곳이다.

기도: 하나님, 자기 중심적인 생각과 자기 교만으로 내 주위에 지옥을 만들고 있는 것을 용서하시옵소서. 우리 주위에 있는 이들과 함께 나누어 가지면서, 당신의 사랑의 식탁의 즐거움을 맛보게 하시옵소서. 그리고 내가 다른 사람에게서 도움을 받을 줄 알도록, 나의 삶과 마음을 열어 주시옵소서. 예수님의 이름으로 기도합니다. 아멘.

Luke 10:29-37
Good Neighbors Create Heaven

There is a story of one Jewish rabbi who wanted to visit heaven and hell. His wish was granted and he had a chance to visit hell first. There he saw malnourished and unhappy persons with very long spoons in their hands sitting in a circle around a big pot of stew. The spoon was so long that they could not put the food into their mouths. Then he visited heaven. It was a very similar place with people with long spoons sitting in a circle around the pot, but they were happy and well fed. They were all feeding each other with the long spoons.

Often, we are so self-centered, putting so much effort to feed ourselves that we lose sight of the whole picture of where we stand in relation to our neighbors. We become empty and hungry in our loneliness because we have no room for others.

Happiness of heaven comes when we learn to shift the direction of our effort toward others. This other-directed effort is not to overpower others but to care for their own nurturing and growth. In giving, I also learn to open my mouth to be fed by others. This builds trust in each other. That is the picture of "thy kingdom come on earth as it is in heaven." It is a place where neighbors, like the good Samaritan, are gathered.

Prayer: We confess to you, O God, that we often create hell more than heaven by being so self-centered and self-righteous. Help us turn our spoons of care to those around us, and may we experience the joy of sitting around your table. In Jesus' name. Amen.

데살로니가전서 5:16-18
범사에 감사하라

미국의 감사절의 시작은 16세기 유럽의 청교도들이 종교와 삶의 자유를 찾아서 아메리카 대륙으로 건너와, 산림을 개간하여 농사를 짓고 그 열매를 감사하는 마음으로 하나님께 감사예배를 드렸다는 데서 시작되었다. 그들에게 새로운 이민의 땅이 쉬운 곳은 아니었다. 본토인들도 처음에는 새로운 나그네에게 친절을 베풀었으나, 후에는 무기로 쳐들어 온 나그네들의 약탈과 침략으로 인해 수백만의 본토인들이 죽게 되었다. 그러므로 미국의 감사절은 감사와 회개와 화해를 동시에 생각하며 지키는 날이 되었다.

이렇게 복잡하고 다양한 역사를 지닌 땅에, 우리 한국인들이 새로운 이민자들로 오게 되었다. 우리는 우리의 새 역사를 그 위에 이루어 나가고 있는 것이다. 새로운 개척지에서 우리는 많은 것을 얻었고, 또 많은 것을 잃었다. 우리는 남들과 친절을 교환하기도 했지만, 남에게 알게 모르게 상처도 많이 주었을 것이다. 바울 사도가 데살로니가 성도들에게 하신 말씀이 기억난다. 항상 기뻐하고, 쉬지 말고 기도하며, 범사에 감사하라고 했다. 감사할 일이 있어야만 감사하는 것이 아니다. 나에게 불행이 있었고, 건강을 잃었고, 직장에서 일찍 은퇴해야만 했고, 아이들이 속을 썩인다고 해서, 감사하기를 거부해야 할까? 감사할 것이 전혀 없는 것처럼 보이는 사람들이 감사하는 마음으로 사는 것을 보면 더욱 감사하게 된다. 사실, 지금 숨을 쉬고 있다는 것만으로도 감사할 일이 아닌가. 풍요로울 때, 모든 일이 잘될 때에는 감사의 깊이를 알 수가 없다. 그러나 부족할 때, 어려울 때, 우리는 가진 것의 귀중함을 알게 된다. 그러므로 지금 우리가 어떤 상황에 놓여 있든지 우리는 하나님께 감사드릴 줄 알아야 한다. 이것이 감사절의 의미일 것이다.

기도: 은혜로우신 하나님, 당신께서 허락하신 물질의 축복만이 아니라 우리의 가족, 친구, 이웃의 사랑도 감사하게 하소서. 넓은 미국 땅에서 경험하는 다양한 삶의 풍요로움을 당신께서 주신 선물로 알고 감사드립니다. 어려울 때나 부족할 때도 감사할 수 있는 믿음을 허락하시옵소서. 그리스도의 이름으로 기도합니다. 아멘.

I Thessalonians 5:16-18
Give Thanks in All Things

A friend of mine says she likes Thanksgiving Day the most among all the holidays because it is not taken over by commercialism. On this special day, we long to be home with our families and enjoy good food. It is a time to give thanks to God for all the blessings we have received.

Thanksgiving Day started with the European pilgrims that immigrated to America, land of their dreams and hopes. Survival was not easy in the unknown land. Their lives were threatened daily by disease and starvation. There were many Native Americans who offered hospitality to these newcomers. But there were also conflicts between the natives and the immigrants. On this day, as we remember the hard labor of the European pilgrims, we also remember the millions of Native Americans who were killed in the conflict.

In the midst of American history, Korean-Americans also came as immigrants. We add our stories to the colorful history of the peoples who have lived before us in this land. We give thanks for what we receive, and we repent of any sin we have committed, knowingly or unknowingly. Apostle Paul wrote to the Thessalonians to rejoice, pray without ceasing and give thanks in all circumstances. That is the original spirit of Thanksgiving Day. When we have plenty, we do not see the value of what we have. But when we are in need, we learn to appreciate what we have. So, in faith, we give thanks to God for all things at all times.

Prayer: During this season of Thanksgiving, O God, help us pray and give thanks for all we have, not only the materials things but for the love of our families and friends, and for the opportunity of life in your world. In Jesus' name. Amen.

마태복음 24:36-44
그리스도의 강림

교회력에서 크리스마스 전의 네 주일을 강림절로 지킨다. 강림 (Advent)이란 말은 라틴어로 "오신다" 혹은 "왕림하신다"라는 뜻이다. 강림절은 그리스도의 오심을 준비하는 절기이다. 크리스마스 때가 되면 백화점과 쇼핑 쎈타는 모두 휘황찬란하게 준비를 한다. 교회와 가족과 친구들 모두 크리스마스 축제, 파티, 카드, 선물 등으로 바쁘다. 크리스마스 준비의 분주함 속에서 항상 시간이 모자라는 것 같다. 하지만 나는 정말 크리스마스를 제대로 준비하고 있는가 스스로 묻게 된다.

예수님이 말씀하시기를 그가 언제 다시 오실지, 그 날과 그 때는 천사도 모르고, 아들도 모르고, 아무도 모르며 오로지 하나님만이 아신다고 하셨다. 그러므로 우리는 항상 그 날을 준비하며 기다려야 한다. 참으로 어려운 요구이시다. 정확한 때와 시간을 알면 얼마나 편할까? 우리가 하는 모든 일에는 시와 때가 있다. 시험 보는 시간, 영화 보는 시간, 자는 시간, 데이트 나가는 시간, 우주선 발사 시간 등 우리는 시간을 꼭 지켜야 한다. 그런데 언제 일어날지 전혀 알 수 없는 일에 준비를 한다는 것은 무슨 뜻일까?

결국, 항상 준비하고 있어야 한다는 말이다. 준비하는 일이 나의 생의 전체가 되어야 한다는 말이고, 삶에 충실해야 한다는 것이다. 너무 지나친 요구일까? 그러나 생각해 보자. 우리는 얼마나 자주 하나님이 내 삶에 들어오시기를 바라는가? 예수님이 이 세상에 얼마나 자주 오시기를 원하는가? 크리스마스의 기쁜 소식은, 우리가 주님의 오심을 준비하는 그 하루하루 속에 주님께서 우리 가운데 오시기 때문이 아닐까?

기도: 하나님, 우리 가운데 오시옵소서. 이 절기뿐만 아니라 날마다, 시간마다 우리와 함께 하시옵소서. 크리스마스 쇼핑과 파티에 파묻혀 당신을 잃어버리지 않게 하시옵소서. 예수님의 이름으로 기도합니다. 아멘.

Matthew 24:36-44
Advent of Christ

Four Sundays before Christmas is set aside as the season of Advent in the church calendar. Advent means "coming" in Latin. It is a time for us to prepare for the coming of Christ at Christmas. How are you preparing for Christmas? All the shopping malls and stores are very well prepared for this season. I am sure they have been preparing for months. It's hard to get away from the Christmas mood. Churches and families are getting busy with Christmas pageants, parties, cookies, presents and cards. Our busyness around Christmas festivities seems to speed up because there is never enough time to prepare for Christmas. But how are you really preparing for Christmas?

Jesus says no one knows the day and the hour God will come, not even the angels in heaven. Only God knows. Therefore, he says, we should keep watch. What a task! We would like to know the exact time. We are used to knowing the times for our exams, for watching movies, for sleeping, for dating, for sending satellites into space, and for just about everything we do. So, what does it mean to be prepared for something we do not know when it will happen?

It means we have to be ready at all times. It means it has to become a part of our lives. It means faithfulness. Does this sound too demanding? Well, how often do you want God to come into your life? How often does Jesus come into our world? The Good News of Christmas is that Jesus comes to us every day as we prepare for his coming.

Prayer: Come into our lives, O God, not only in this season but every day and every hour. May we not lose sight of you as we shop and attend parties. In Jesus' name. Amen.

야고보서 5:7-10
기다림의 인내

누군가를 가장 오래 기다린 시간이 얼마나 되는가? 기다림은 대단한 인내심을 요구한다. 교통 통신 수단이 발달되지 않았을 때, 기다림은 일상생활에 흔히 있는 일이었다. 편지가 바다를 건너가는 데 한 달씩 걸렸다. 지금은 팩스로 몇 초만에 받아 본다. 약속 시간에 늦으면 몇 시간이고 기다려야 했는데, 이제는 핸드폰이라는 것이 생겨서 언제 어디서든 연락을 할 수 있게 되었다. 지금은 컴퓨터 스크린이 바뀌는 1, 2초도 길다고 느껴진다. 기다린다는 것은 현대 문화에서 사라진지 오래 된 것 같다. 빠르면 빠를수록 좋다는 것이다.

그런데 구세주가 오신다는 것은 기다리는 것이다. 이스라엘 사람들은 몇 백년 동안이나 메시아가 오실 것을 기다렸다. 오늘날 우리도 메시아 오심을 기다리고 있다. 우리의 기다림은 보다 나은 것을 희망하는 것이다. 크리스마스를 기다리면서 우리는 보다 낳은 세상—정의와 평화가 이 땅의 모든 사람들에게 오는 좋은 세상을 기다린다. 이런 세상이 되기 위해서는 이 세상 사람들이 모두 하나님께로 돌아와야 하기 때문에 우리는 무척 오래 기다려야 한다. 이 기다림은 대단한 인내심이 필요하다. 우리가 살아 생전에 이런 세상이 오게 될까? 오늘 말씀에는 야고보의 충고가 있다. 우리는 인내심을 가지고 구세주의 오심을 기다려야 한다는 것이다. 기다림의 마음을 가져야 한다는 것이다.

크리스마스를 기다릴 마음가짐이 되어 있는가? 충실하게 기다릴 수 있는가? 우리는 인내심을 버리지 말고 기다려야 한다. 하나님도 우리를 기다리시기 때문이다.

기도: 주님, 온 세상이 바쁘게 돌아가고 서로에 대해서 인내심이 없어지는 이 때에, 인내심을 가지고 기다릴 수 있는 마음 주시옵소서. 당신의 나라가 이 땅에 임하기를 기다리는 믿음을 주시옵소서. 예수님의 이름으로 기도합니다. 아멘.

James 5:7-10
Waiting Takes Active Patience

What is the longest time you've waited for someone? Waiting takes a lot of patience. During the days when the method of communication was not well developed, waiting was part of normal life. It took almost a month for letters to cross the ocean because they went by sea. Now we use faxes and e-mail to send letters, which only take a few seconds. I used to wait hours for friends who were late for appointments, but now there are handphones which can be used anywhere at any time to avoid such idle waiting. We are so spoiled now that waiting a few seconds for the computer screen to change feels like forever. Waiting for anything is not part of our culture today. Faster is better.

The coming of the Savior is about waiting. Israelites waited for hundreds of years for the coming of the Messiah. Today, we again wait for the coming of the Messiah. To wait is to hope for the better. When we wait for Christmas, we wait for a better world where there will be justice and peace on earth for all people. This waiting may take a long time because each person has to change to turn to God's ways. This waiting will take a lot of patience. It may even take more than your lifetime. In today's passage, James advises Christians to be patient until the coming of the Savior. We need to prepare our hearts for that wait.

Are you willing to wait for Christmas? Can you be faithful in your waiting? Let not your patience run out because God is waiting too.

Prayer: In this season of Advent, O God, help us learn the patience of waiting even when the whole society is moving at a faster speed and getting impatient. Strengthen our faith so that we will always wait for your kingdom to come on earth. In Jesus' name, we pray. Amen.

마태복음 3:1-12
앞서가는 선구자의 준비

어느 날 아침, 출근하는데 많은 경찰차들이 눈에 띄었다. 무슨 사고라도 났나 했다. 그런데 사무실 근처에 오니 수십 대의 경찰차들이 길을 막고 서 있었다. 뉴욕시 경찰들이 거기에 다 모인 것 같았다. 근방에 폭탄 테러 경고가 났구나 하고 가슴이 덜컹 하였다. 후에 알고 봤더니 우리 사무실 건물 옆에 있는 리버사이드 교회에 클린턴 대통령이 오기 때문이라는 것이었다. 대통령은 그로부터 세 시간 후에 왔다. 그 동안 공중에는 헬리콥터들이 순회하고 있었고, 허드슨 강에는 경비정이 지키고 있었으며, 부근 모든 도로에는 검은 세단 차와 오토바이들이 줄을 서 있었다. 이 모든 준비가 그의 15분간의 방문을 위해서였다.

예수님이 이 땅에 오실 때는 어땠을까? 예수님이 세상에 오실 때도 그의 오심을 준비하는 선구자가 있었다. 그의 이름은 세례 요한이었다. 그는 아주 단순한 생활을 했고, 그의 메시지는 사람들의 죄를 회개하라는 것이었다. 경찰들이 줄 서서 대통령을 기다렸듯이, 사람들이 줄을 서서 죄의 용서를 상징하는 세례를 받았다. 그러나 대통령처럼 근처에 접근하기도 힘든 메시아를 위해서가 아니라, 언제나 가까이 할 수 있는 분이셨다. 그는 높은 자와 낮은 자, 부자와 가난한 자, 어른과 어린아이들을 모두 환영하신 분이셨다.

이제 예수님이 다시 오신다. 하나님의 메시지를 듣는 사람들은 그의 오시는 길을 준비한다. 이 크리스마스에 메시아가 오시는 길을 준비한다. 우리는 지금 그 길을 어떻게 준비하고 있는가?

기도: 주님, 이 크리스마스에 회개와 용서로 예수님을 기다리는 준비를 하게 하시옵소서. 가장 낮은 자처럼 오셔서 겸손하게 사신 그리스도와 닮은 삶을 살 수 있도록 인도하여 주시옵소서. 예수님의 이름으로 기도합니다. 아멘.

Matthew 3:1-12
Forerunner for Jesus

As I was walking to work one morning, I saw quite a number of police patrol cars along the way. I thought there was an accident somewhere. But when I got near to my office, the whole street was blocked and lined up with police cars of all sizes. The whole New York City police department seemed to have come. My heart sank to the ground thinking there must be a major bomb threat or something terrible going on in this area. I then found out that President Clinton was coming to the Riverside Church, which is a block from my office. It was another three hours before he showed up for a 15-minute presentation. During those hours, I saw helicopters swirling around the air, patrol boats on the Hudson River, and scores of black sedans and motorcycles blocking all streets leading to the Riverside church. What a preparation for the President's coming!

What was the preparation for Jesus's coming? When God sent Jesus, there was also a forerunner. His name was John the Baptist. He was sent to prepare the way for the coming of the long awaited Messiah. He led a simple life, and his message was to call the people to repent of their sins. People lined up, like the police line-up for the President, to receive baptism from John as a symbol of their repentance.

It was much easier to get close to Jesus than to the President. Invitation was to all, to the high and the low, to the rich and poor, and to adult and children. All were welcome. Now, Jesus is coming again!

Prayer: You have called your children, O God, to prepare the way for the coming of baby Jesus at Christmas. Guide us this day so that we may be ready to receive our Savior, in whose name, we pray. Amen.

누가복음 1:46-56 (마리아의 찬가)
예수님의 탄생을 기억하며

임신한 여인을 보면 새 아기를 기다리는 가족들이 생각난다. 얼마나 기대에 차 있을까? 임신한 여인은 엄마가 될 준비를 한다. 그 준비는 태교(胎敎)부터 시작된다. 한국의 전통에서도 태교를 중요시했지만, 요즈음의 과학도 태교의 영향력을 강조한다.

마리아도 아기 예수를 임신하고 태교에 신경을 썼다. 그녀는 임신한 사촌 엘리사벳을 방문하여 서로의 삶과 그들이 임신한 아기들에 대해 하나님께 찬양을 돌렸다. 두 여인은 석 달을 같이 지내며 하나님의 역사하심에 대해 많은 이야기를 나누고 기도했을 것이다. 그들의 아기들은 깊은 신앙의 태교를 받았음이 분명하다.

오늘 읽은 마리아의 노래는 앞으로 태어날 아기에 대한 예언적인 찬가이다. 임신 중 마리아는 이렇게 노래하였다. "주께서는 그 팔로 권능을 행하시고, 마음이 교만한 사람들을 흩으셨으니, 제왕들을 왕좌에서 끌어내리시고 비천한 사람들을 높이셨습니다"(1:51-52, 표준새번역). 또한, 마리아는 "주린 사람들을 좋은 것으로 배부르게 하는" 세상이 온다는 희망과 찬미의 노래를 불렀다. 예수님의 삶은 마리아의 예언자적인 찬양대로 사신 삶이었다.

21세기를 바로 눈앞에 둔 이 시대의 어머니들은 어떤 세상을 원하며 기도하고 있을까? 새로운 시대를 잉태한 젊은 어머니들은 새로 태어날 아기를 위해서 어떤 태교를 하고 있으며, 아이들이 어떻게 자라고, 어떻게 살아가기를 원하는가? 이 세상을 위해서, 어두운 곳에 빛이 되고, 전쟁 속에 평화를 가져오는, 그리고 절망 속에 희망을 심어 주는, 마리아와 같은 기도를 함께 간절히 드리고 싶다.

기도: 주님, 이 즐거운 계절에 예수님을 맞이하며 세상의 평화와 사랑을 위해 기도합니다. 우리 가운데 오늘 태어나신 주님, 우리 가운데 평화를 주시옵시고, 사랑을 주시옵시고, 기쁨을 주시옵소서. 그리하여, 저희 또한 어두움 속에 빛으로 살게 하시옵소서. 예수님의 이름으로 기도합니다. 아멘.

Luke 1:46-56
Jesus is Born Again Today

Most of us have seen a pregnant woman. As family members await the birth of a new life, everyone is filled with high expectations. Mothers have special experiences nurturing the baby in their bodies, feeling every move of life within her. Many believe that a mother's thoughts and feelings influence the personality of the child during pregnancy. In Korean tradition, a pregnant woman was taught to take care of her body but more importantly her mind and her soul.

Mary, the mother of Jesus, also took very special care of her baby during her pregnancy. When she visited her cousin Elizabeth, who was also pregnant with John, both of these women knew that their pregnancies were special. I am sure that during the three months they spent together, they shared many stories about the great works of God and God's love for the world. Their babies were well nurtured in faith in the wombs.

Today's reading of the scripture is Mary's song and prayer during pregnancy. It was a prophesy of what her child was going to do for the world: to scatter the proud in the thoughts of their hearts, bring down the powerful from their thrones and lift up the lowly, and fill the hungry with good things. It was good news for all those awaiting the Messiah. Jesus fulfilled all of what she had prophesied in her prayer.

As we celebrate the birth of Jesus this Christmas, we also pray the prayer of Mary that the world may see justice, that people living in darkness may see the light, and that those struggling in hopelessness may find hope. This is the good news of Christmas.

Prayer: Thank you, O God, for the good news of Christmas. As you have fulfilled the prophesies of the past in the coming of Jesus, we await today the coming of Jesus into our midst. In his name, we pray. Amen.

요한계시록 1:8
끝이 시작이다

한 해가 또 지나가고 있다. 올해의 기쁨과 슬픔, 아름다움과 괴로움을 모두 추억의 시간으로 돌리고, 이제는 다가오는 새해를 맞이할 생각으로 가슴이 부풀어 온다. 모든 끝에는 시작이 있게 마련이다. 죽음도 삶의 새 시작을 가져오니, 이것이 영생과 영원한 시간의 진리가 아닐까.

시작과 끝, 끝과 시작은 우리 삶의 움직임과 과정을 지각하게 한다. 시간의 시작과 끝은, 삶의 어떤 특정한 사건이나 과정의 마무리를 감지하게 한다. 그래서 우리가 신체적으로 나이 드는 것을 다시 상기시키고, 감정적으로 어려웠던 일들을 뒤로 할 수 있게 한다. 실패로 끝난 일들, 마음의 상처를 받게 되었던 인간관계들, 후회되는 결정들, 그 모든 것들을 정리할 수 있는 기회가 시간의 마지막에 주어지는 것이다. 한 해를 넘기며, 삶의 새 정돈을 해봄이 좋겠다.

오늘 읽은 말씀에 하나님은 자신을 "알파와 오메가, 처음이요 나중이며, 지금도 계시고 전에도 계셨고 앞으로 오실 분"이라고 하셨다. 알파와 오메가는 희랍어 알파벳의 처음 글자와 마지막 글자이다. 하나님께서 알파이면서 동시에 오메가라고 하신 것은, 시간의 모든 흐름과 움직임에 하나님께서 현존하신다는 뜻이다. 지난 한 해 동안 우리와 함께 하신 하나님께서는 보내고 맞이하는 지금 이 순간과, 다음 해에도 우리와 함께 하실 것이다. 모든 것이 변하는 세상에서, 변치 않는 하나님의 사랑은 흔들리지 않는 믿음과 안정감을 준다. 하나님의 사랑은 모든 끝과 시작, 시작과 끝에 우리와 항상 함께 하신다.

기도: 사랑의 하나님, 지난 한 해 동안 저희를 지켜 주시고 보호하여 주신 것 감사를 드립니다. 또한, 우리 삶의 시작과 끝에 항상 함께 하여 주시니 감사합니다. 우리가 무엇을 하든지, 하나님께서 우리와 함께 하심을 믿고 새로운 삶의 출발을 하게 하시옵소서. 예수님의 이름으로 기도합니다. 아멘.

Revelation 1:8
Ending Is a Beginning

Another year is coming to an end. As we reminisce the good and the bad of the passing year, we also prepare for a new beginning of a new year. Every ending has a new beginning. Even death brings about a new beginning for the living. It is part of an on-going flow of time and life eternal.

Endings and beginnings are acknowledgments of transitions in our lives. They help us bring closure to specific periods of time that remind us we are moving on physically, emotionally and spiritually. Some of you may have been hurt by a relationship that turned sour. Others may regret that you have hurt others. For some, it may have been a good year of school, for others it may have been a bad year. Some families may have dealt with tragedies. But through the movement of time, we bring closure to those pains and hurts, and we find healing in the anticipation of new beginnings.

One of the well-known names of God is mentioned in today's passage: "I am the Alpha and the Omega, who is, who was, and who is to come." Alpha and Omega are first and last letters of the Greek alphabet, symbolizing God's presence in all movements of time. God who has been with us in the past year will continue to be present with us in our new year. It is the most comforting message of stability in the midst of change. For the love of God is constant in all endings and new beginnings.

Prayer: Thank you, O God, for your constant presence in all our beginnings and our endings. We move on to our new beginnings trusting in your guidance in all that we do. In Jesus' name. Amen.

교회력과 한국력

교회력 (Christian calendar)
- *강림절 (Advent)*: 4주 동안 예수님의 탄생을 준비하며 기다리는 절기
- *성탄절 (Christmas)*: 예수를 통하여 육신을 입고 세상에 오신 하나님을 찬양하고 감사하는 절기
- *주현절 (Epiphany)*: 성탄절과 사순절 사이에 있으며 예수님의 초기 선교에 중점을 두는 절기
- *성회일 (Ash Wednesday)*: 회개하는 마음으로 사순절을 처음 맞이하는 수요일
- *사순절 (Lent)*: 부활절을 축하하기 위하여 회개하는 마음으로 40일 동안 준비하는 절기. 여섯 주일은 제외한다.
- *부활절 (Easter)*: 예수님의 부활을 찬양하는 절기이며 부활 주일 전날 저녁부터 성령강림절 전날까지 계속된다.
- *오순절 (Pentecost)*: 성령강림절부터 강림절 전날까지 계속되며 하늘 나라와 하나님의 통치에 중점을 두는 절기
- *추수감사절 (Thanksgiving Day)*: 하나님의 축복을 감사하며, 1619년에 처음으로 감사절로 지켰다.

한국력 (Traditional Korean holidays)
- *3·1절* (The anniversary of the Independence Movement of March 1st, 1919):
- *어린이날* (Children's Day, May 5th)
- *어버이날* (Parent's Day, May 8th)
- *6·25* (Korean War began in 1950)
- *제헌절* (Constitution Day, July 17th)
- *광복절* (Independence Day of Korea, August 15th)
- *추석* (Korean Thanksgiving Day, August 15th of the lunar calendar)
- *개천절* (The Foundation Day of Korea, October 3rd)
- *한글날* (*Hangeul* Proclamation Day, October 9th)
- *유엔의 날* (United Nations Day, October 24th)

저자 소개

김혜선 목사는 연합감리교회 벌티모어-워싱턴 연회의 정회원 목사로서 동연회에서 1982년부터 한인교회와 2세 목회와 백인교회 목회를 하였고, 현재는 연합감리교회 세계선교부 여성국에서 한인교회의 여선교회를 담당하여 전국적으로 여성들의 지도자 훈련을 하고 있다. 서울 출생으로, 감리교 신학대학에서 신학사, 달라스의 퍼킨스 신학대학에서 신학석사, 캠브리지 성공회신학대학에서 목회학박사를 하였다. 1996년에 *산다는 것, 그 의미를 찾아서* 라는 영어 영성교재를 공저하였고, 1997년에는 이민여성신앙수기를 모집하여 *꿈따라 사랑따라* 라는 책으로 내놓았다. 이번 *가족이 함께 드리는 예배서* 의 글들은 본인이 어렸을 적부터 겪어온 이중언어와 문화 속에서의 갈등의 경험, 그리고 2세 목회를 하며 같이 나누었던 설교와 이야기들을 정리하여 쓴 것이다.

About the Author

Hea Sun Kim is a clergy member of the Baltimore-Washington Conference, and has served Korean and Caucasian churches in that conference since 1982. Currently, she works for the Women's Division of the General Board of Global Ministries and for The United Methodist Church as a consultant working with Korean-American women. She is a graduate of Methodist Theological Seminary in Seoul (B. Th), Perkins School of Theology SMU, Dallas (M. Div), and Episcopal Divinity School, Cambridge, Massachusetts (D. Min). These devotions come from the author's personal experience growing up in a multicultural society as a missionary child, and from pastoring the younger generation of Korean-American immigrant churches.